SPAß SPIELE FÜR ERWACHSENE

LABYRINTHE FÜR ERWACHSENE

ActivityCrusades

Veröffentlicht von Speedy Publishing Canada Limited

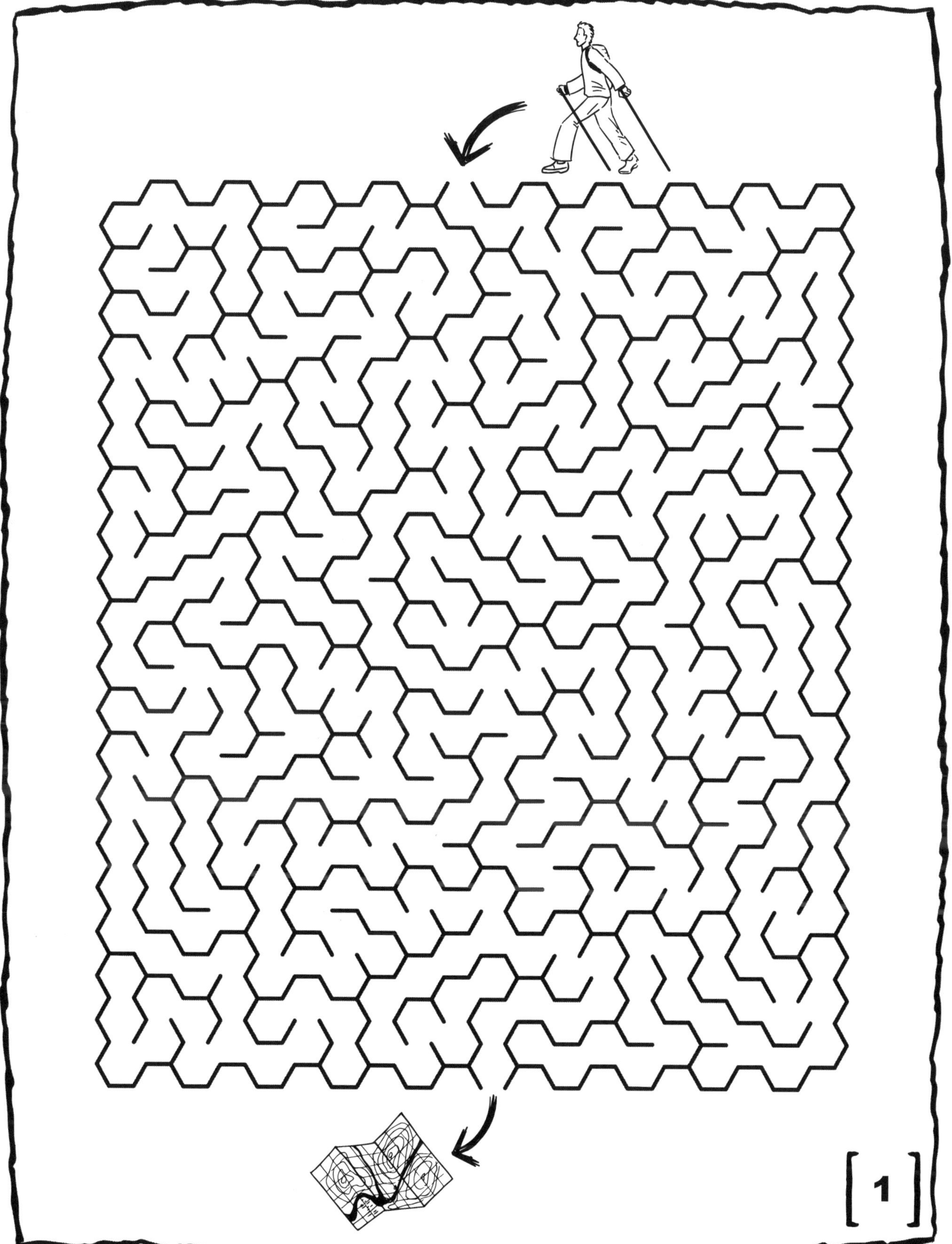

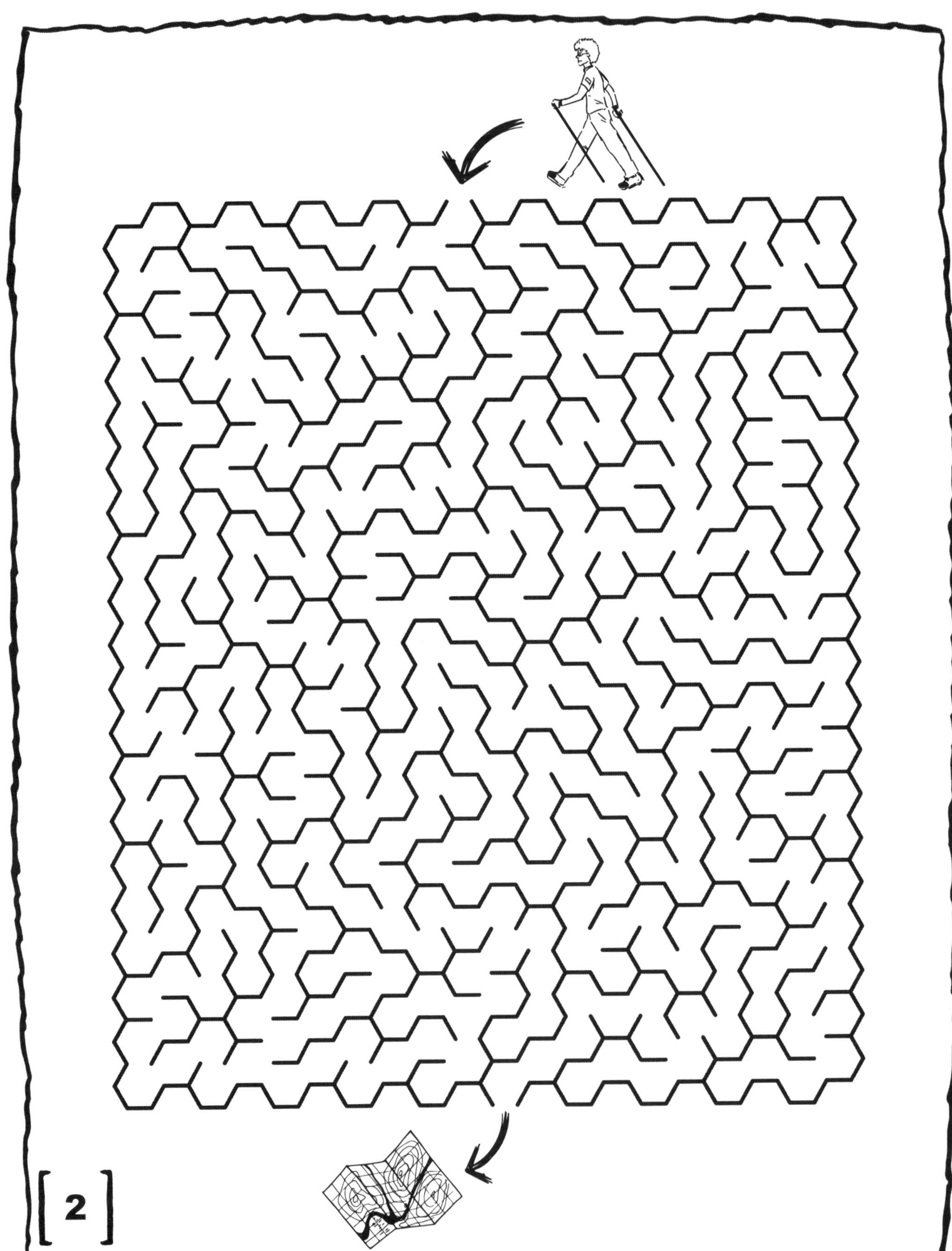

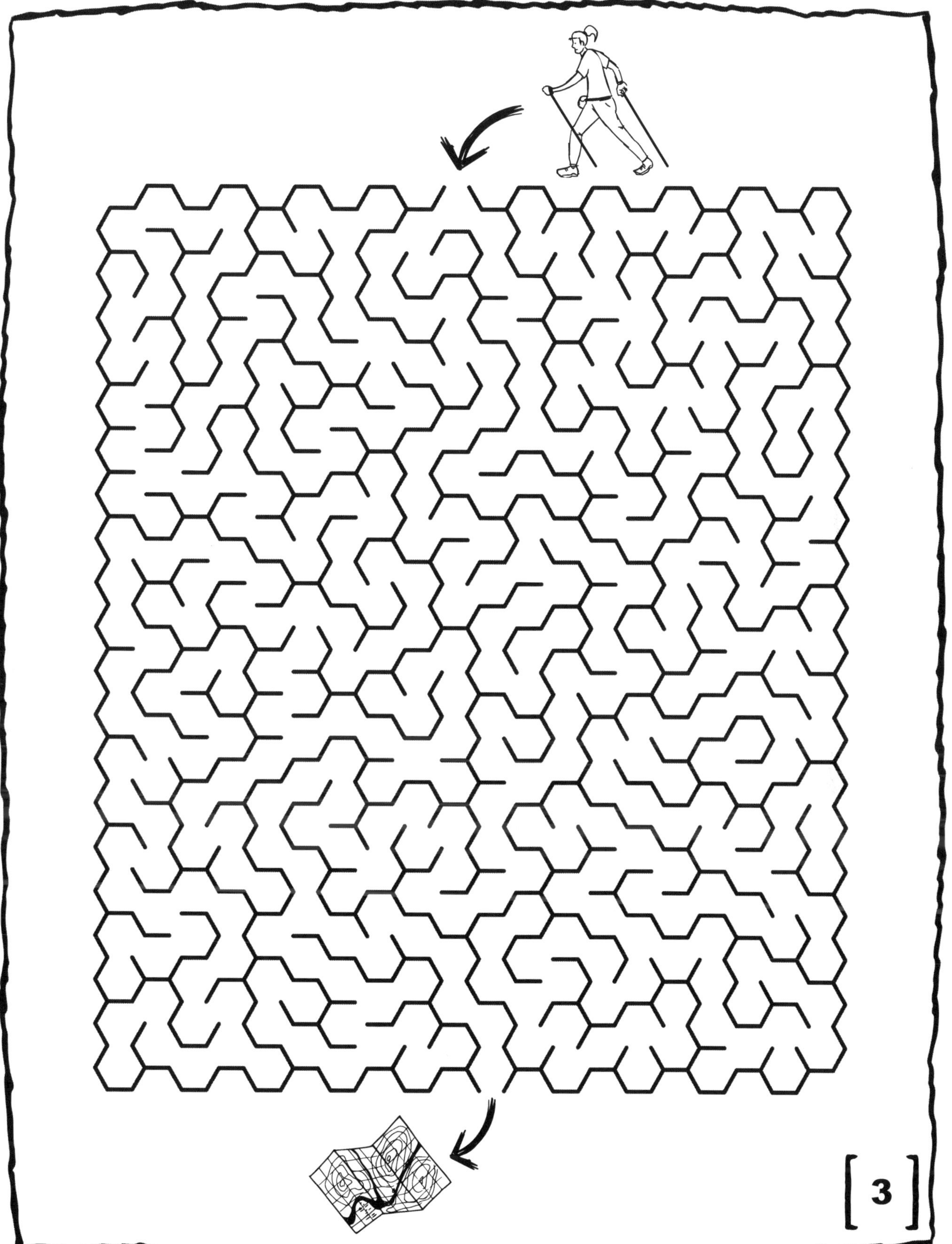

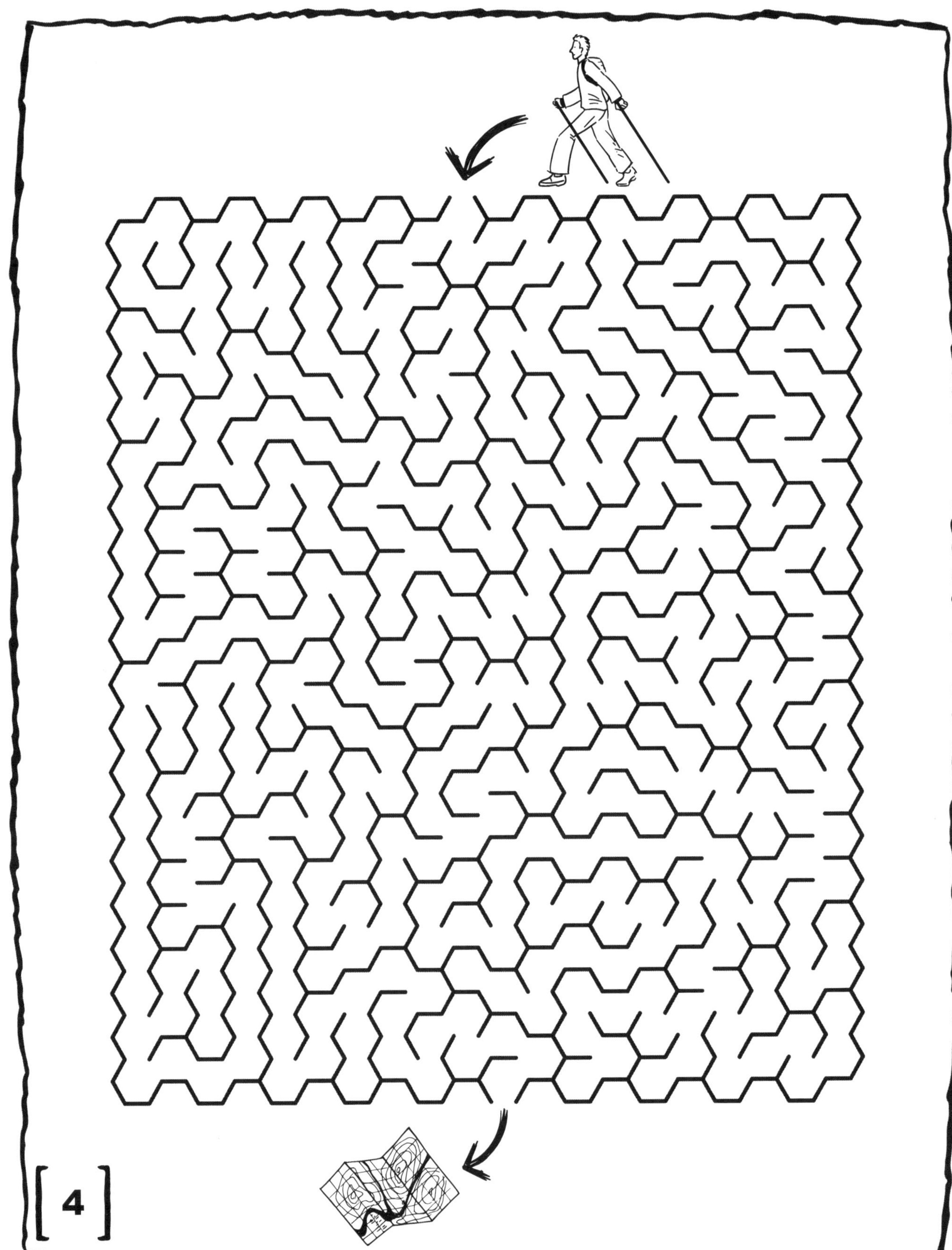

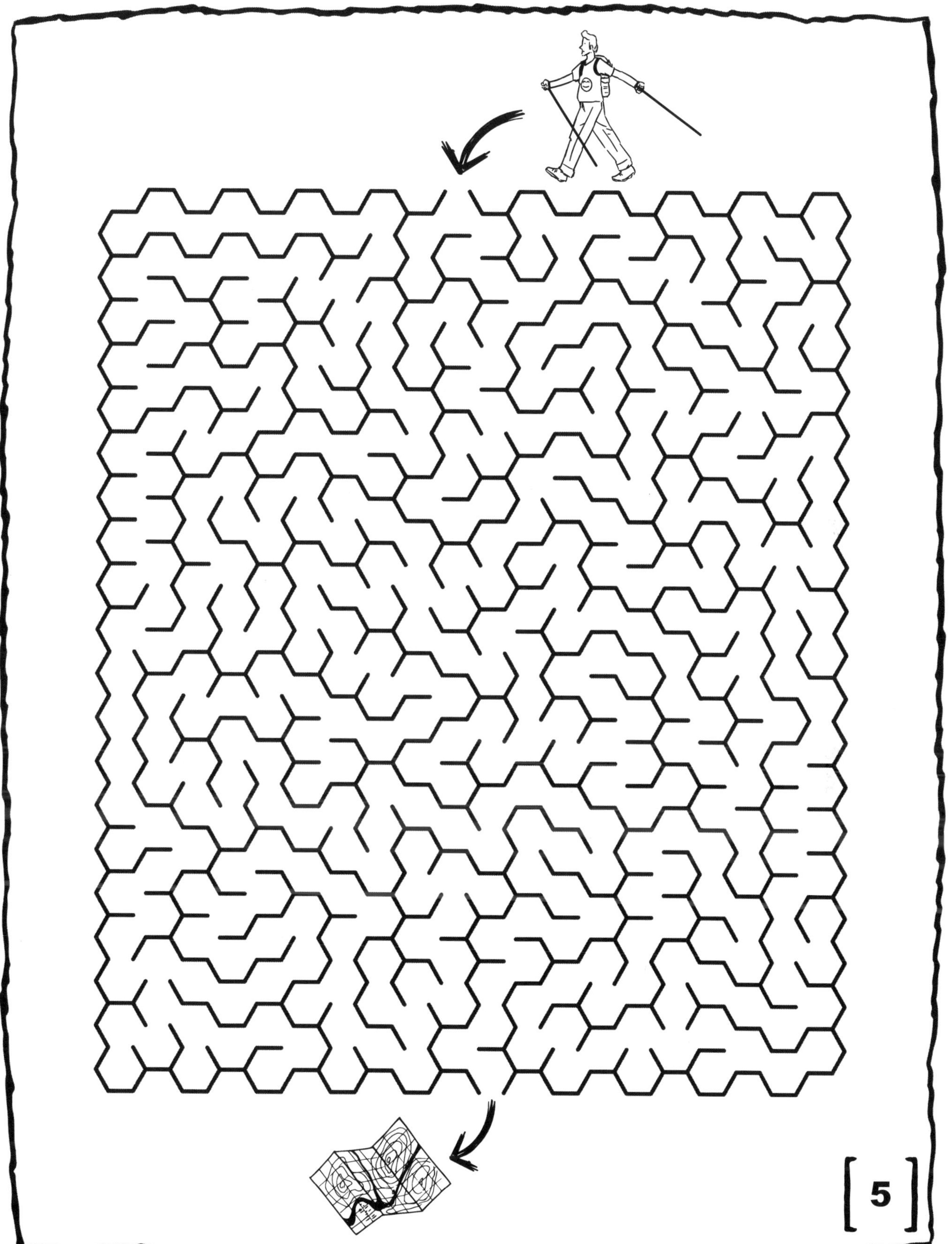

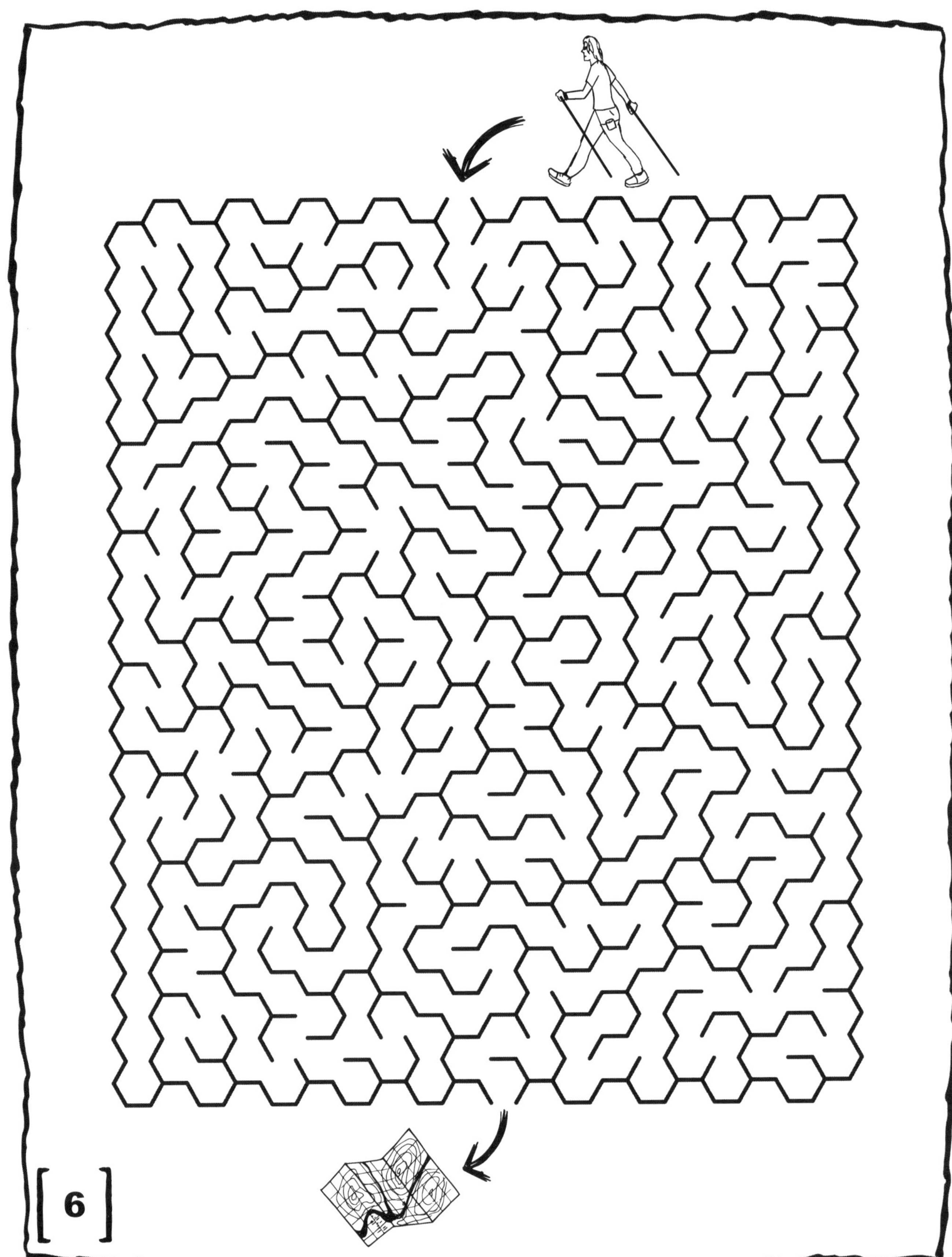

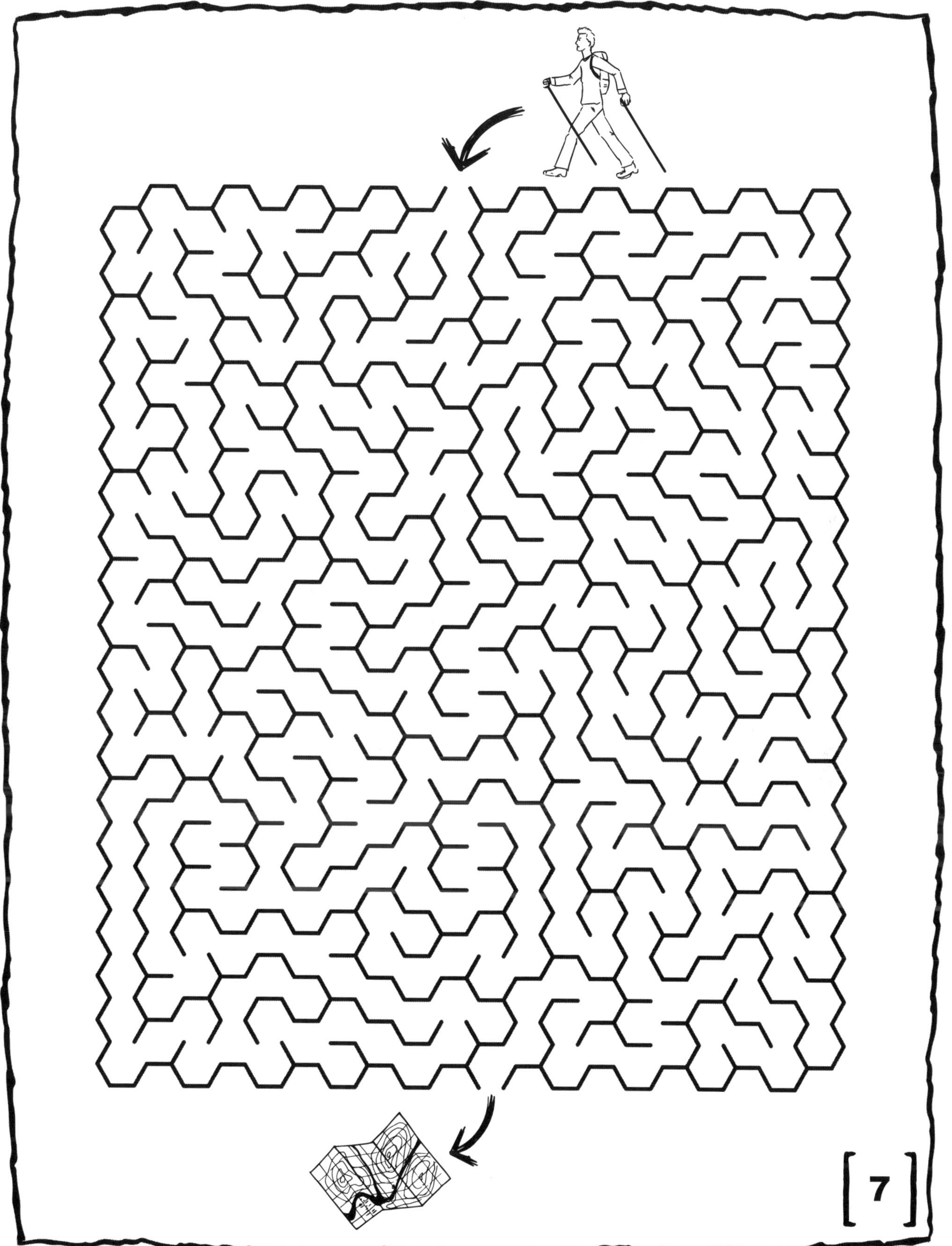

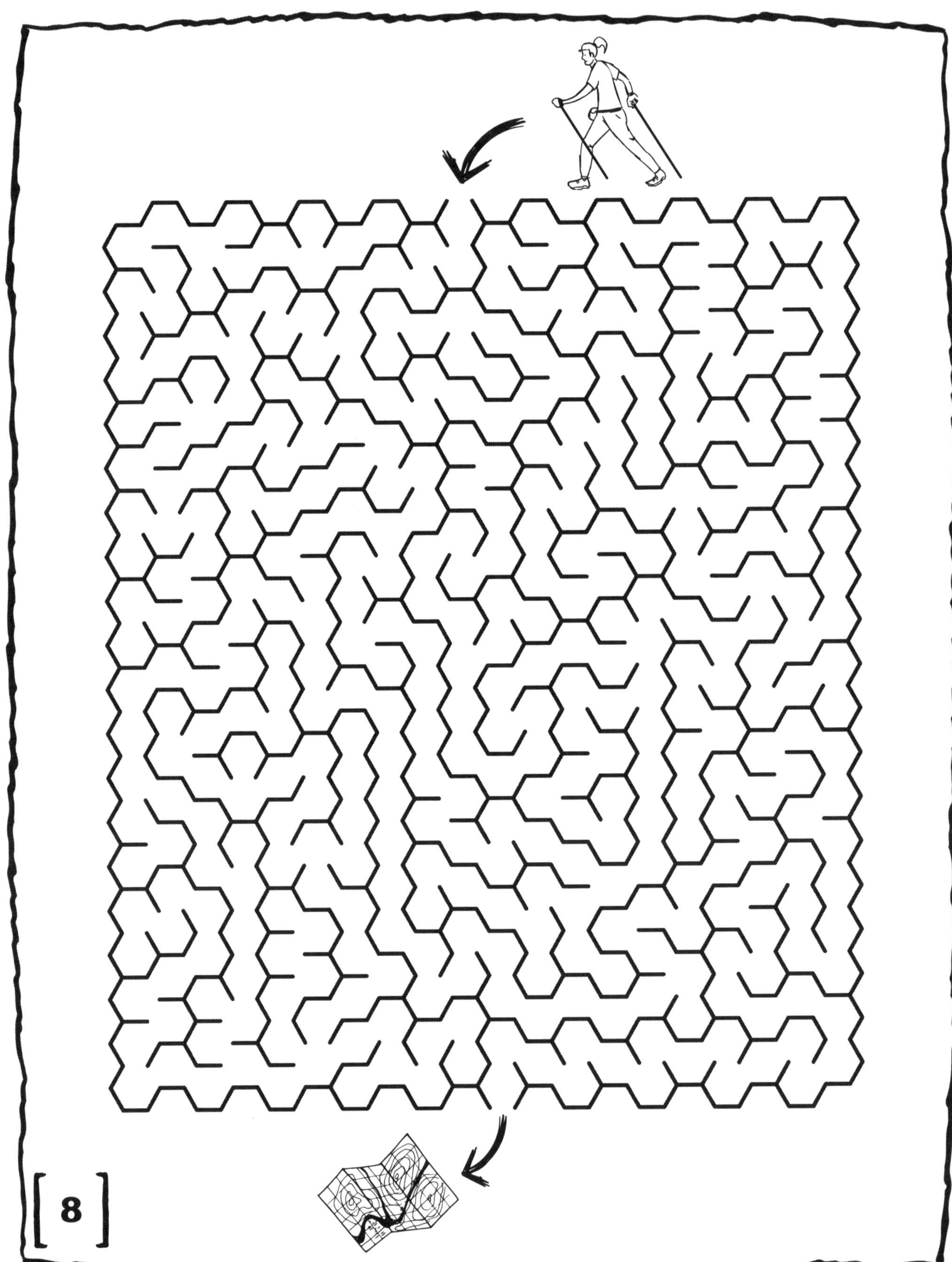

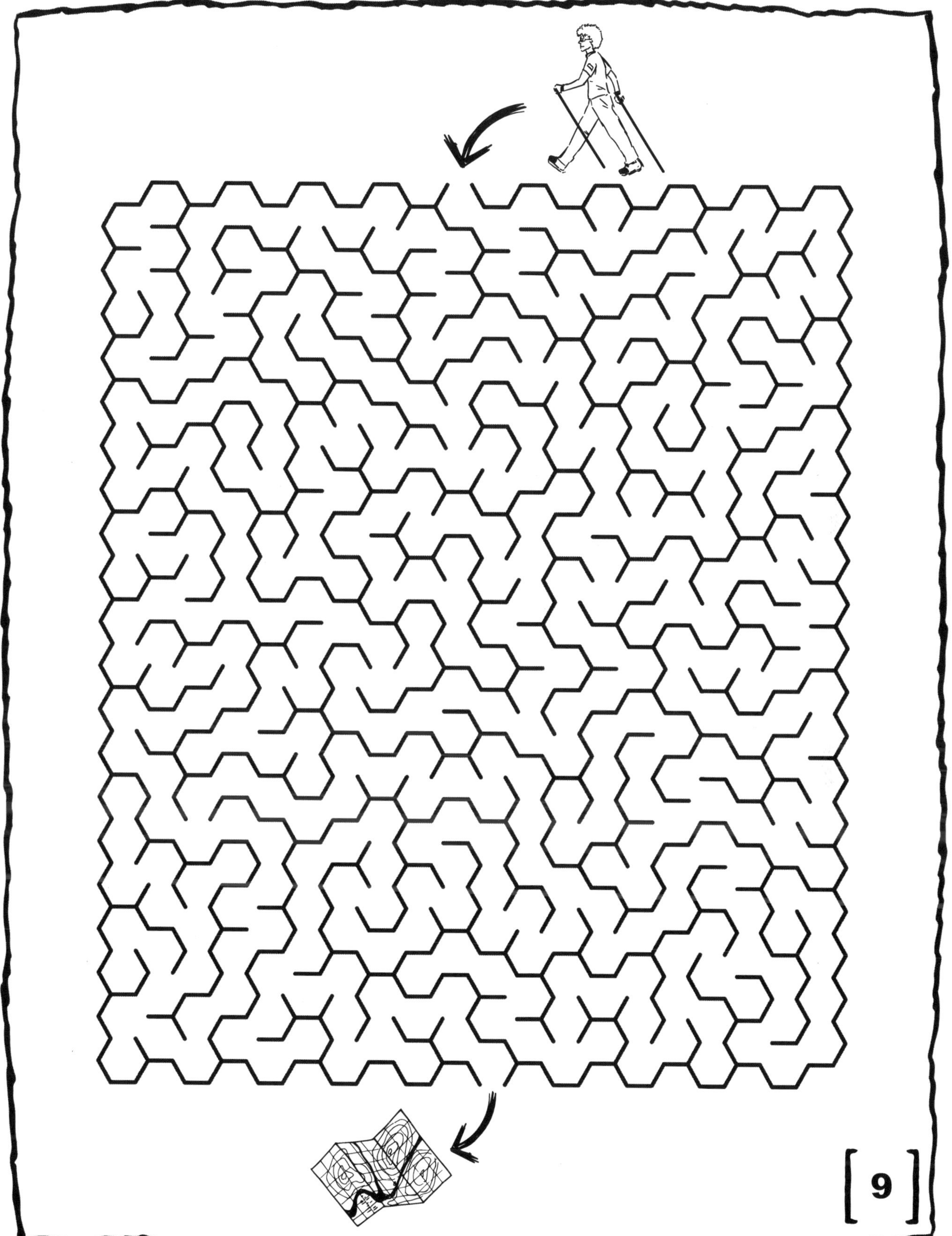

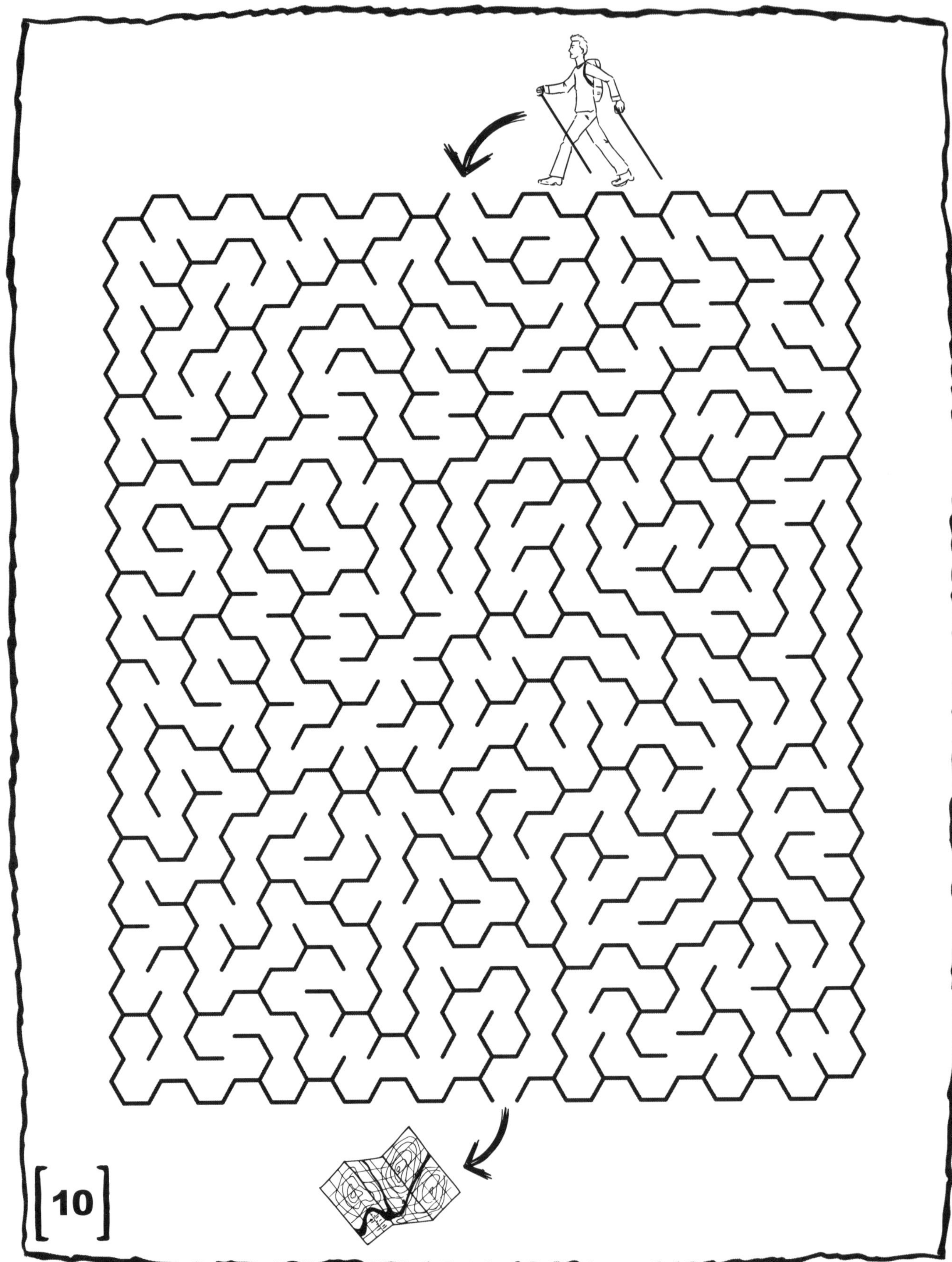

[10]

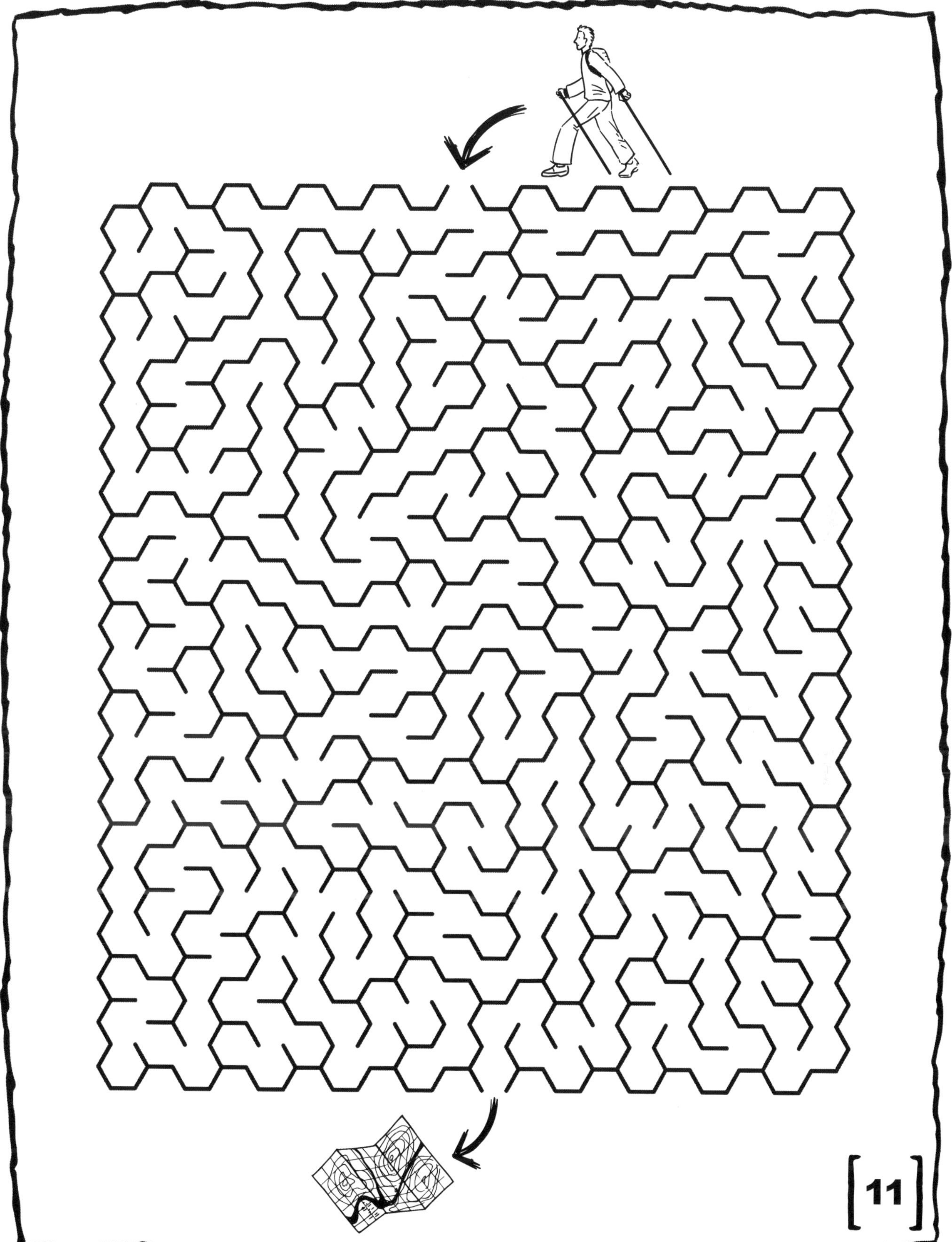

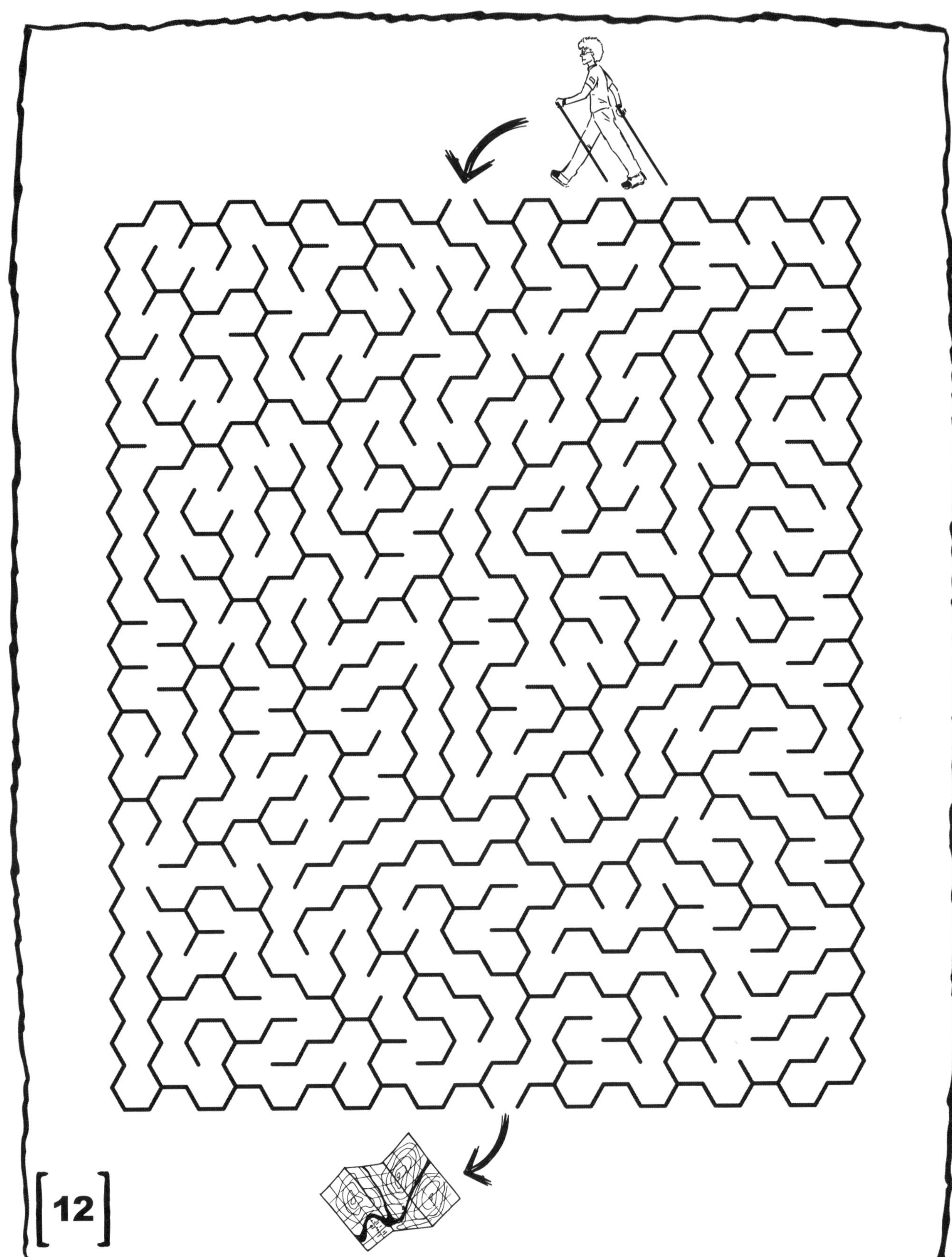

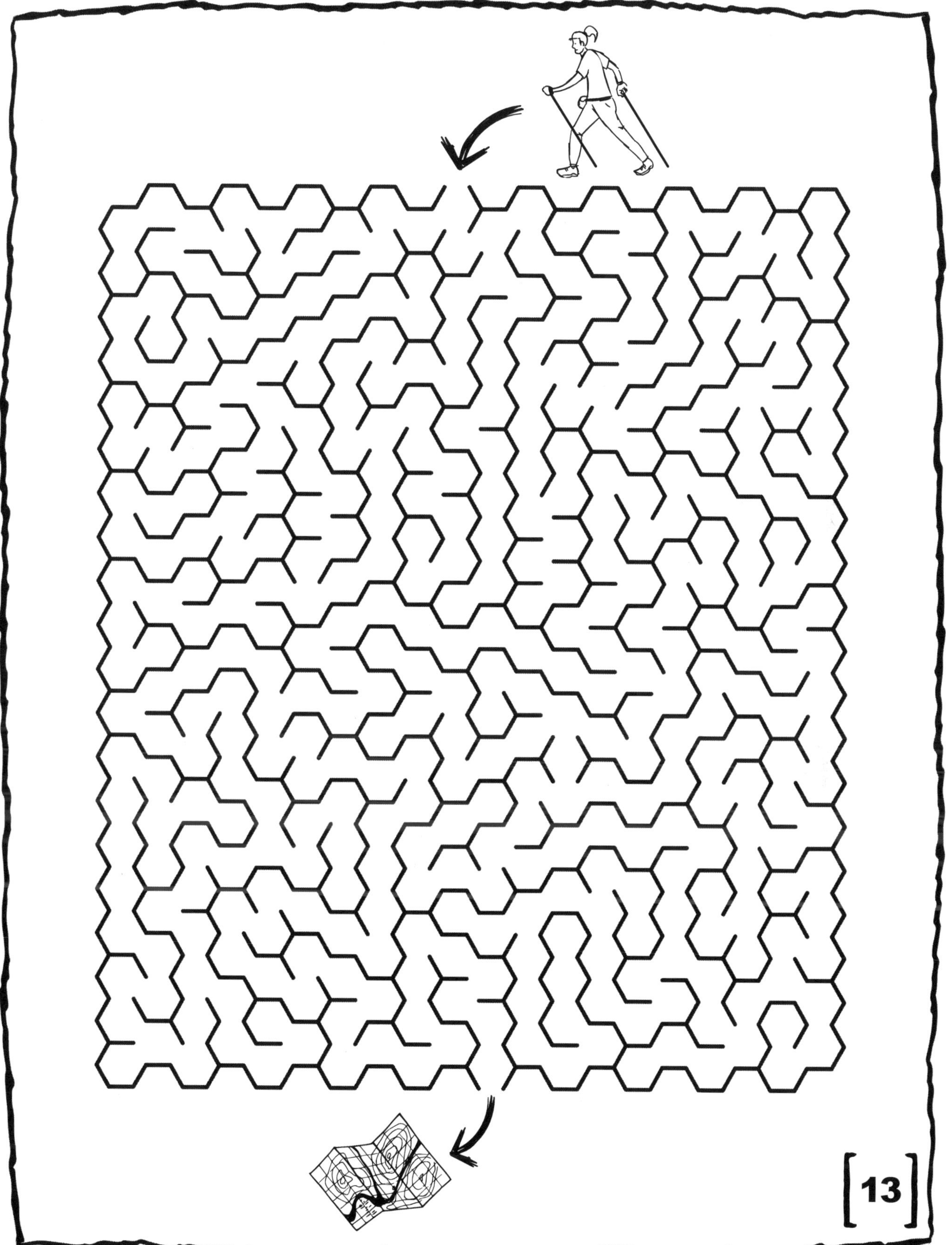

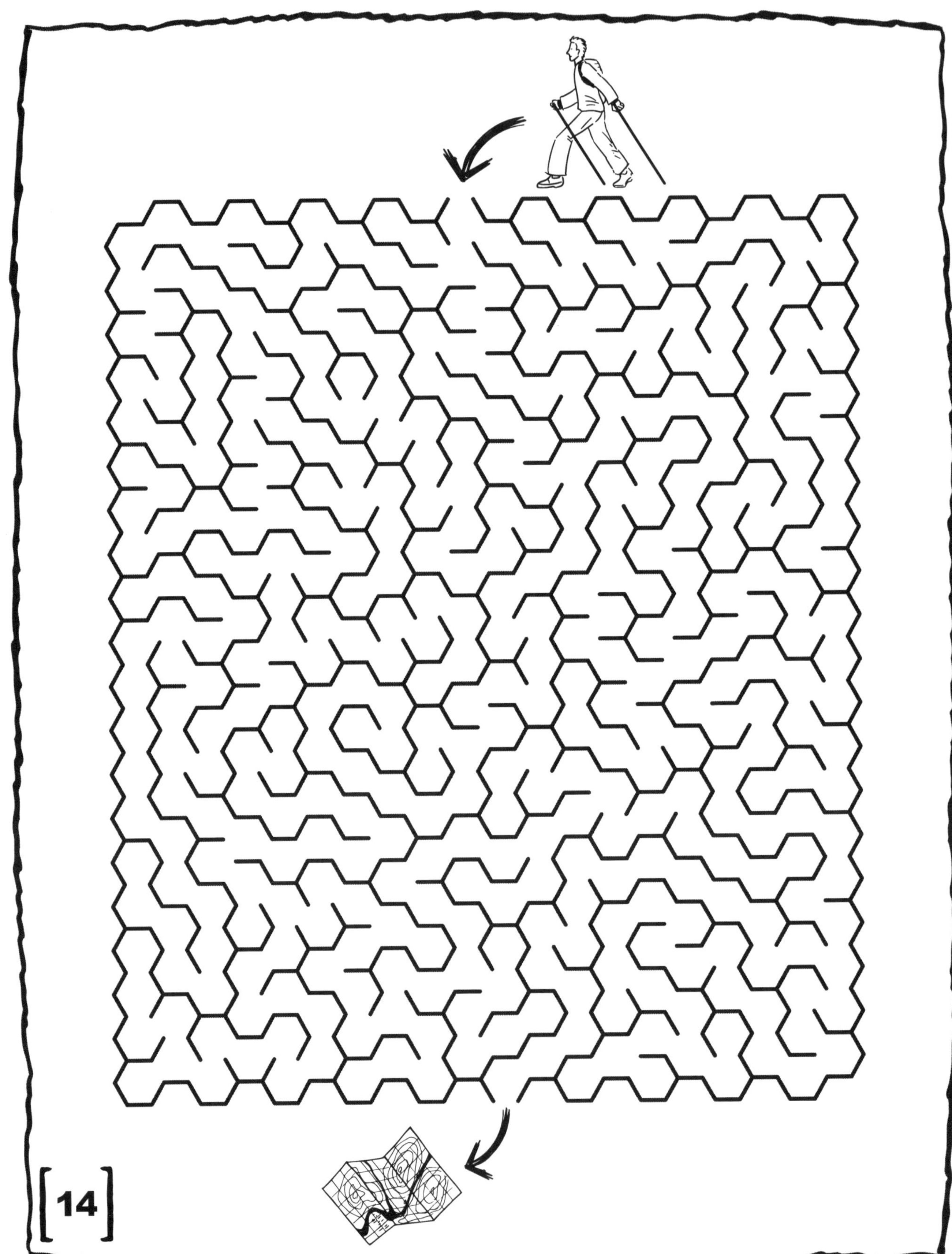

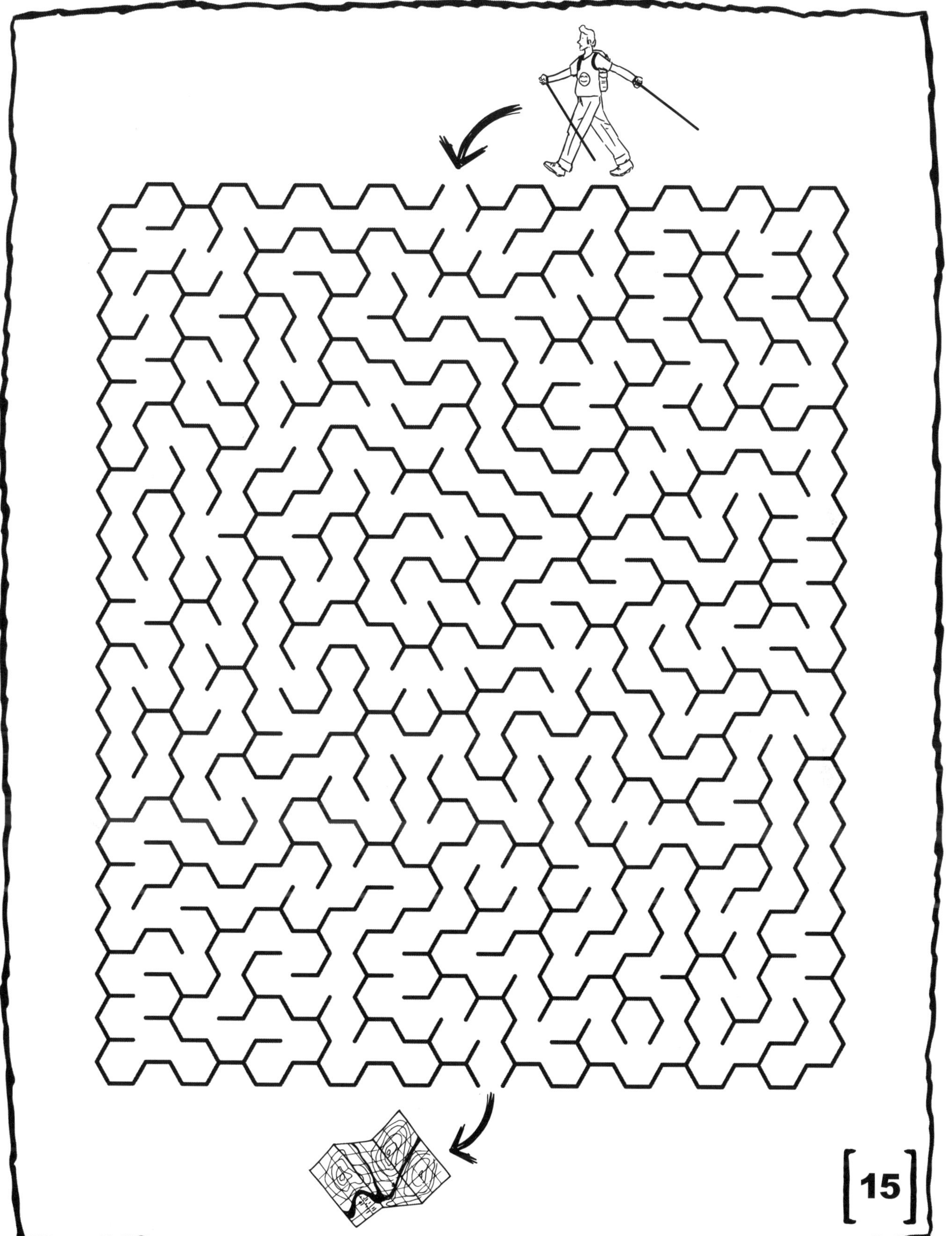

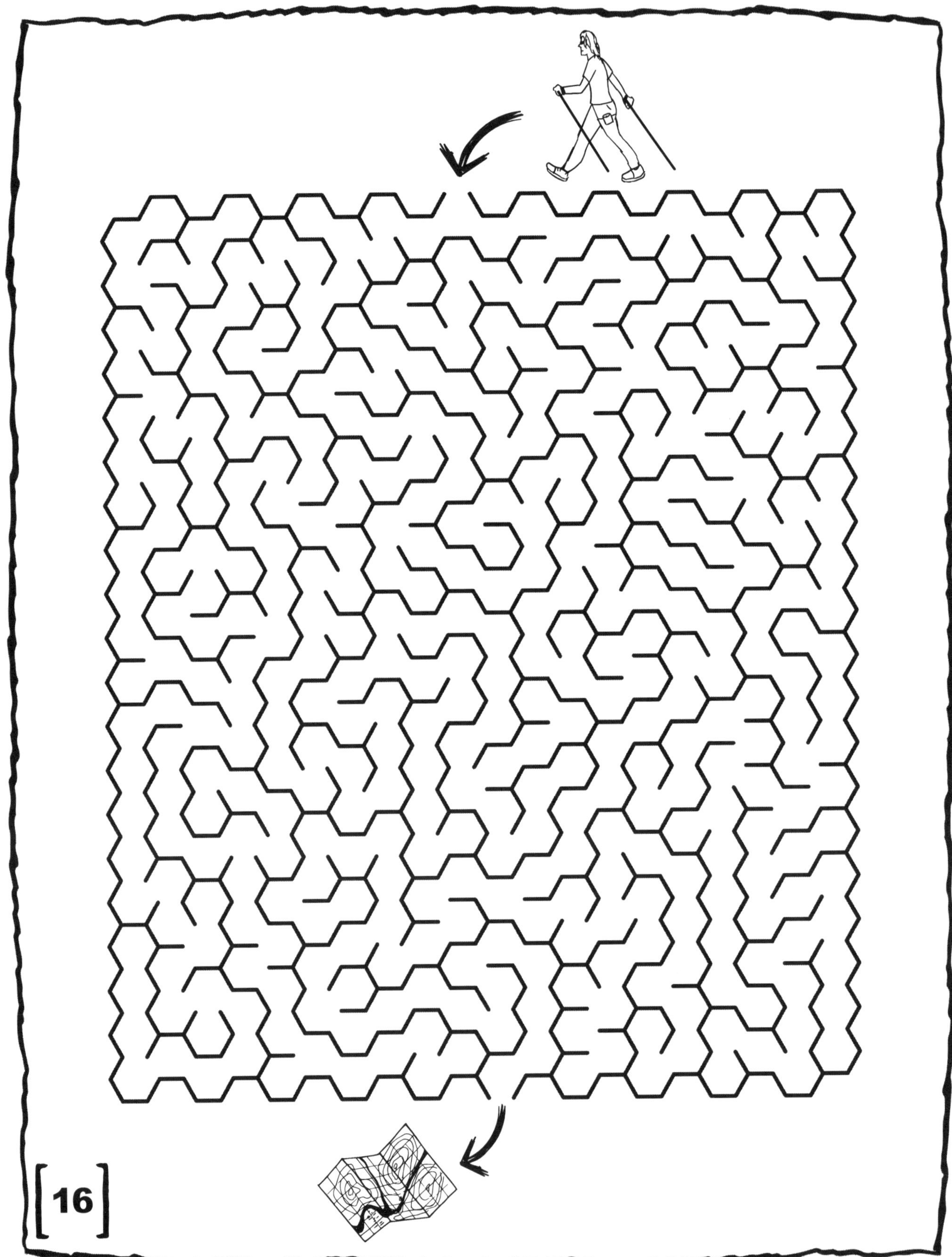

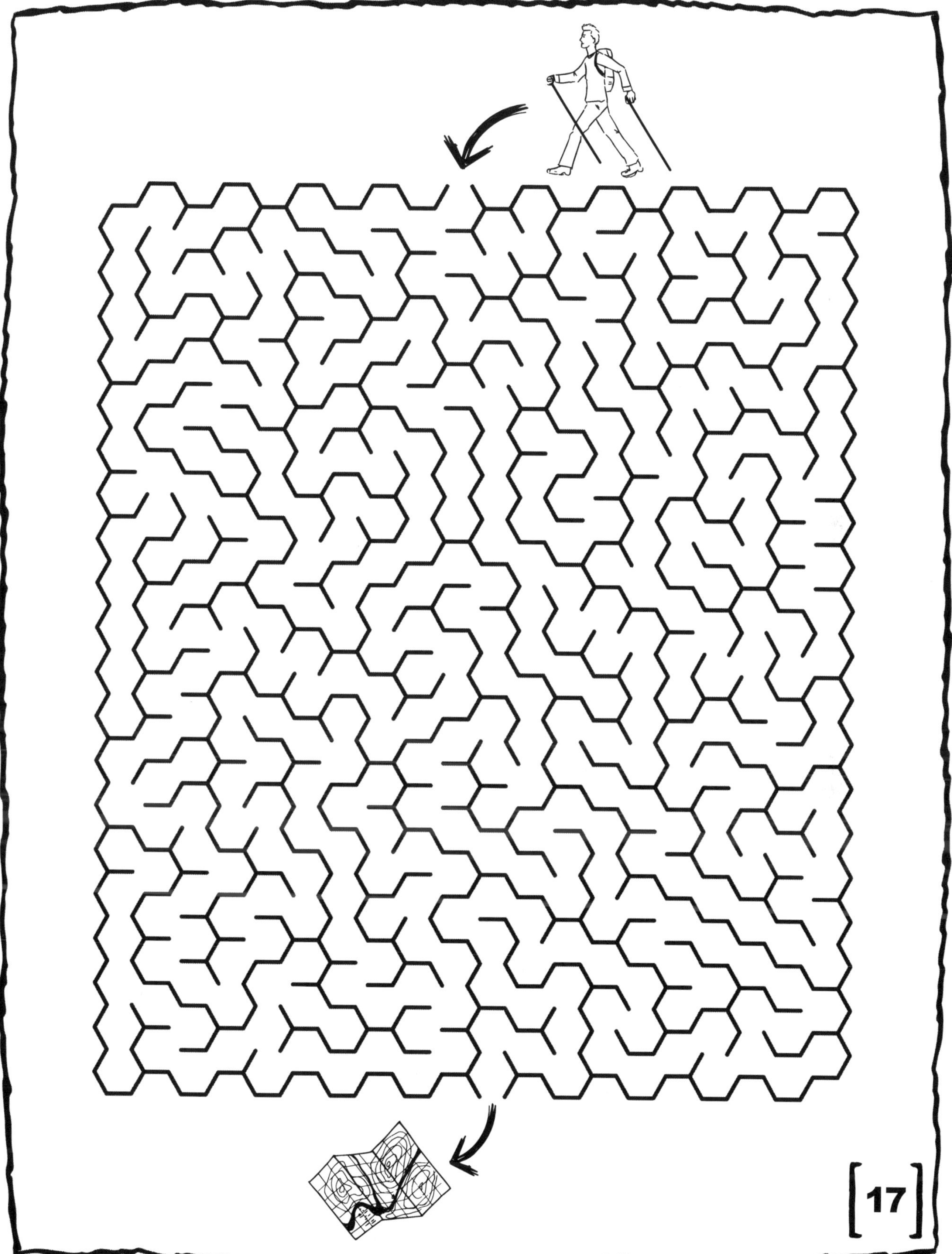

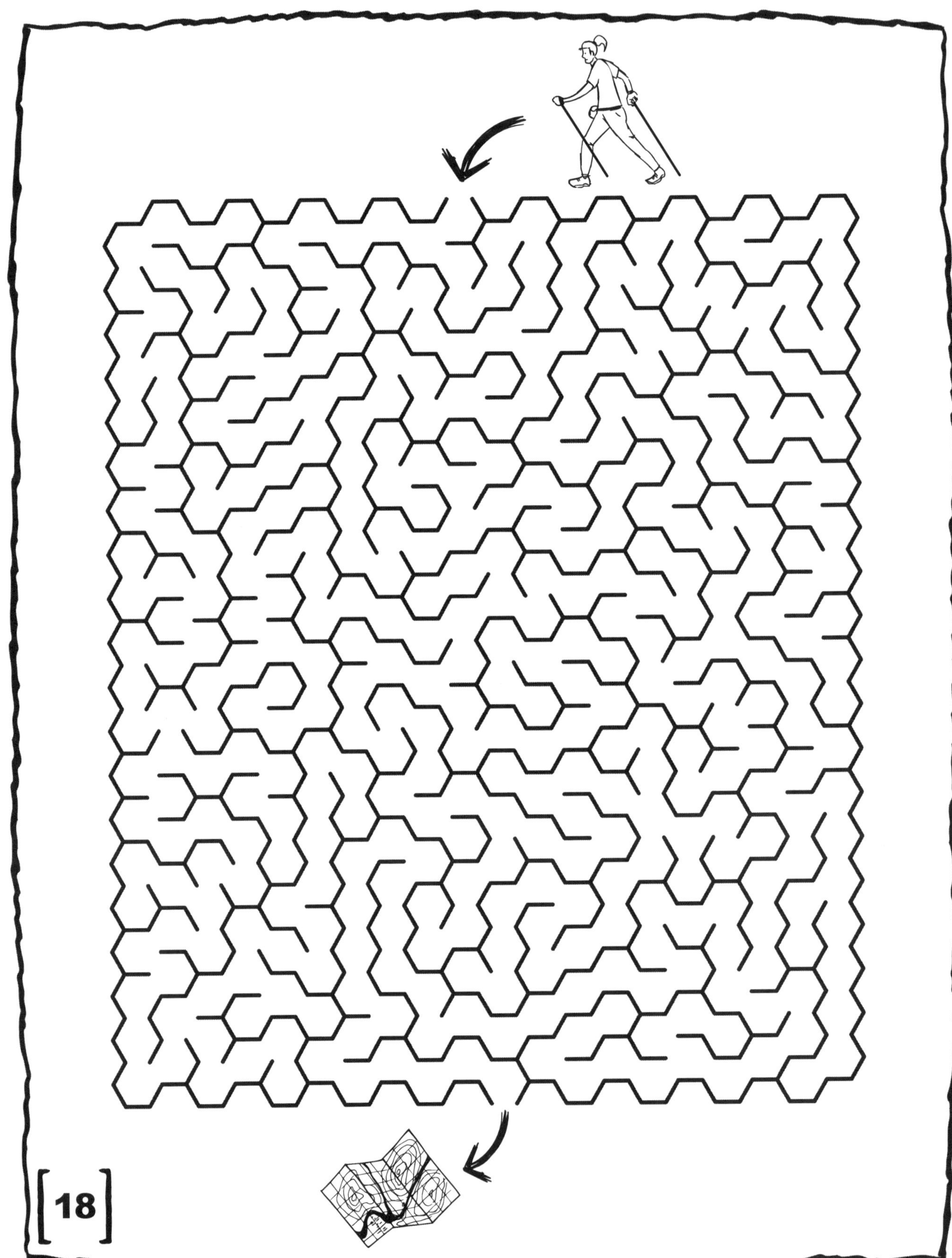

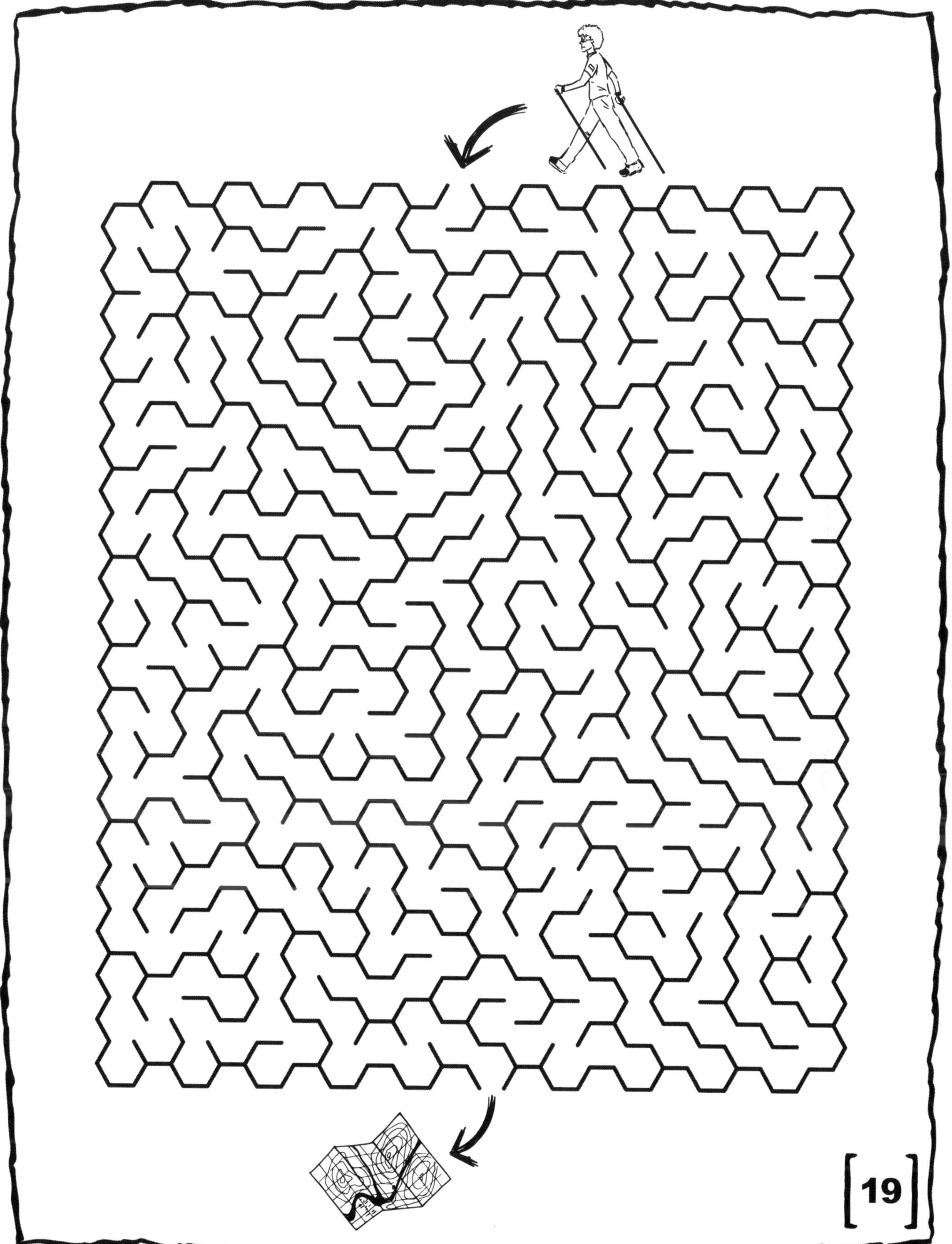

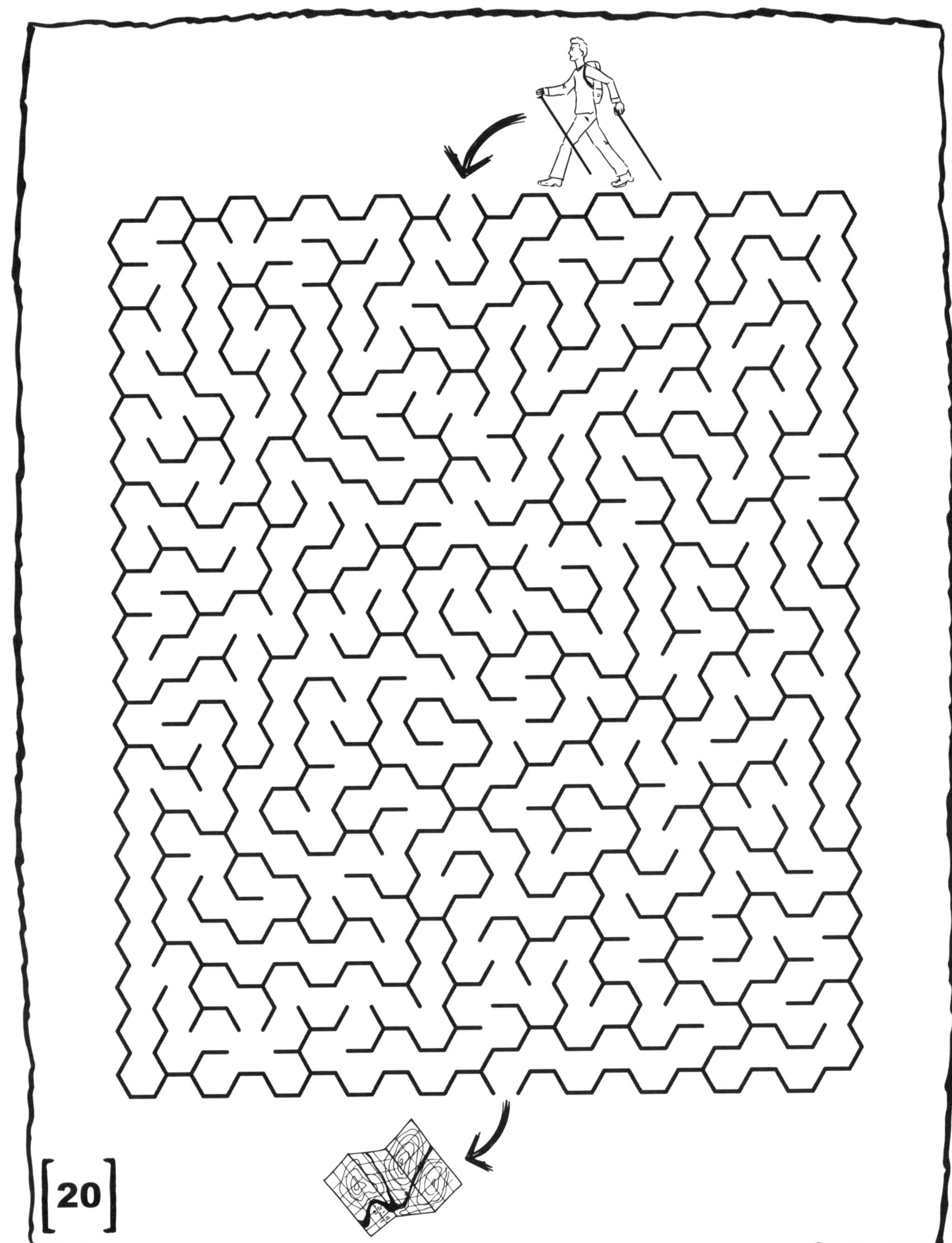

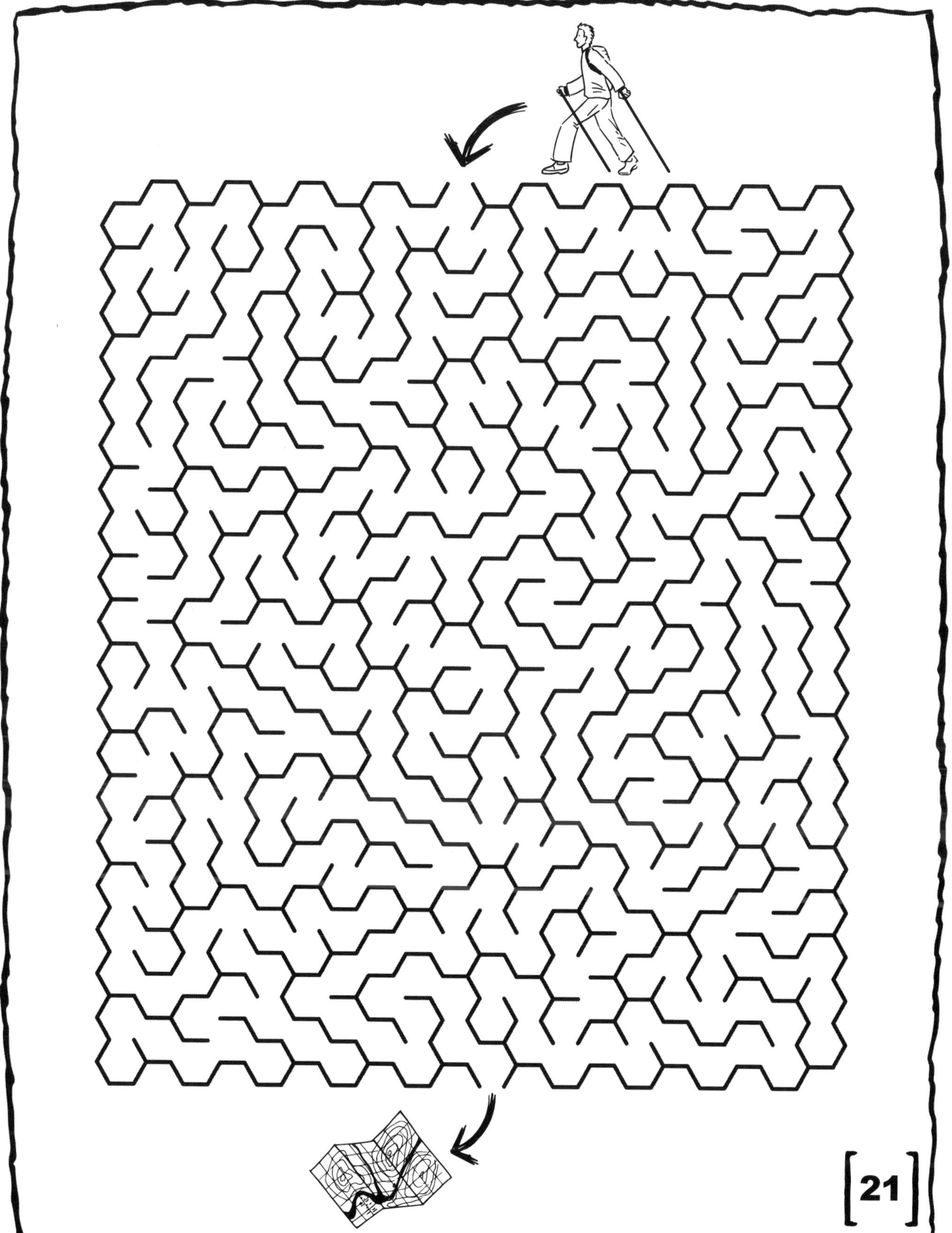

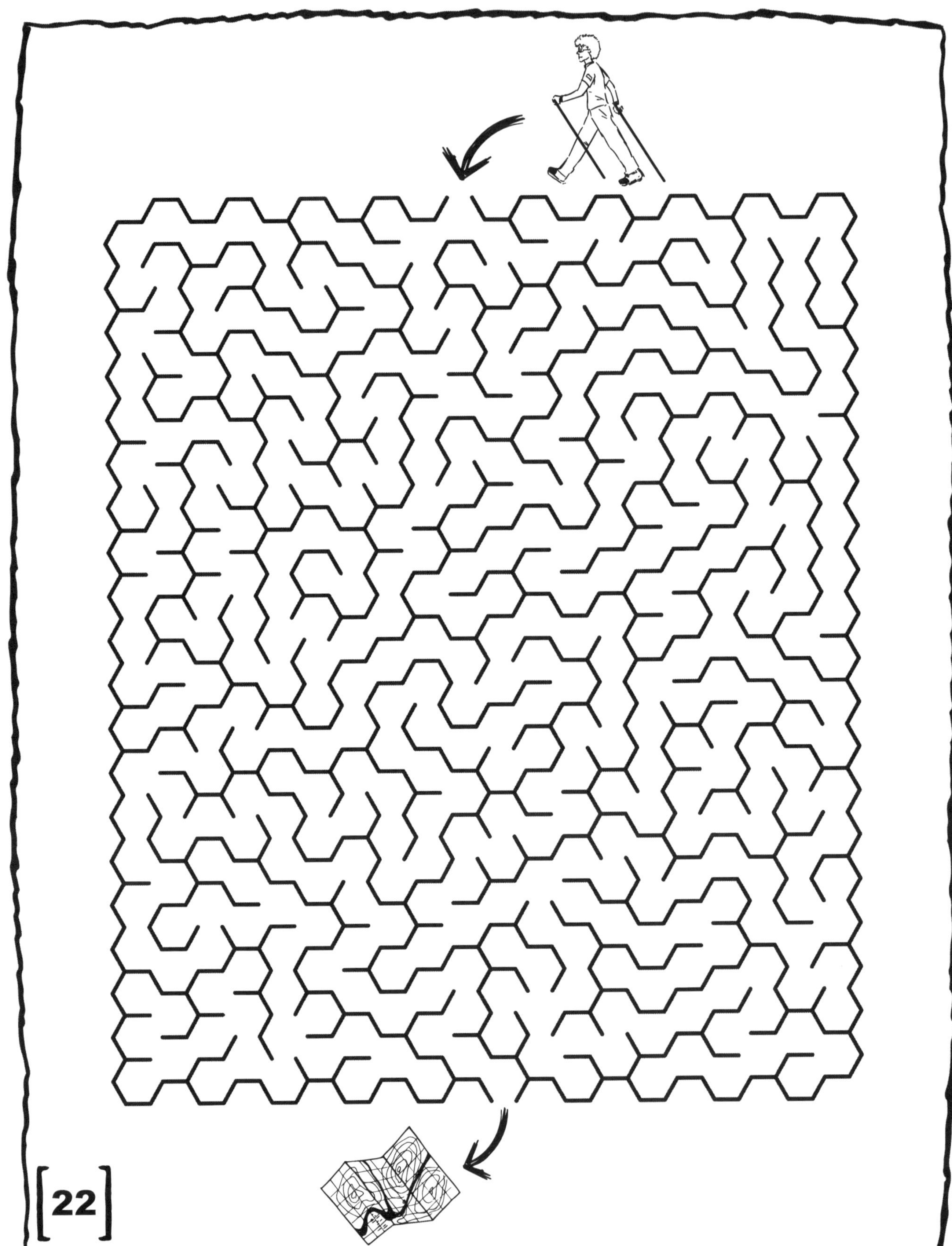

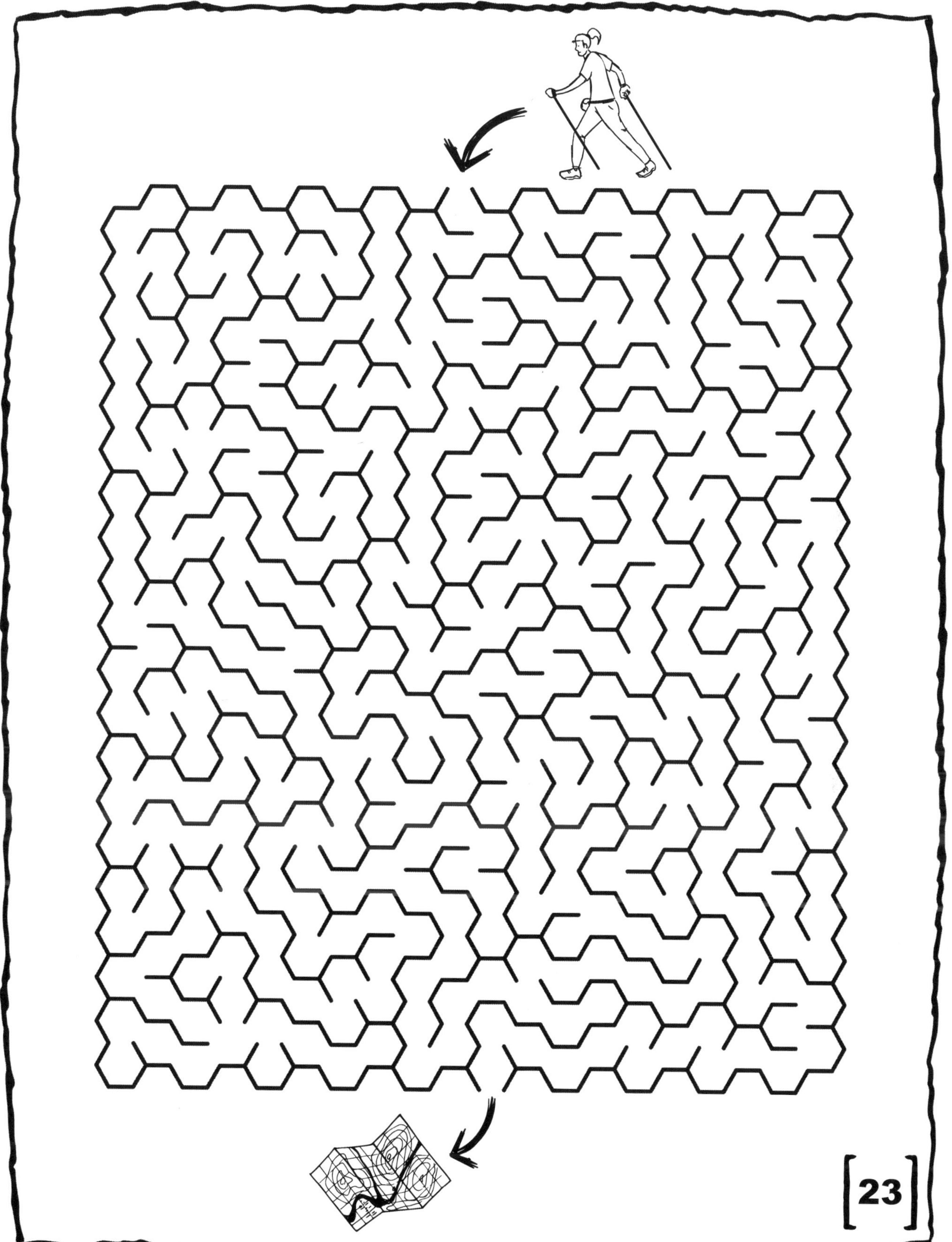

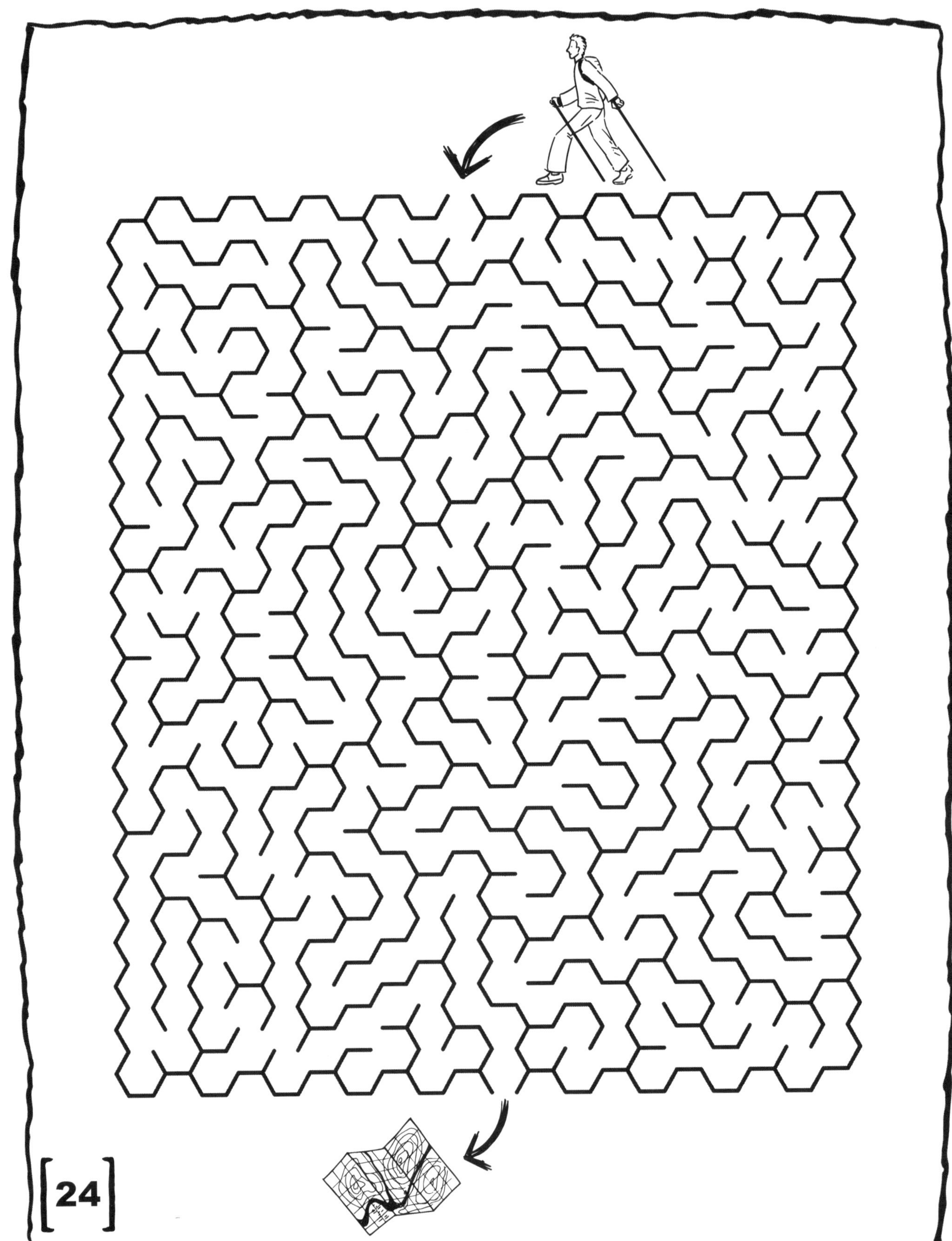

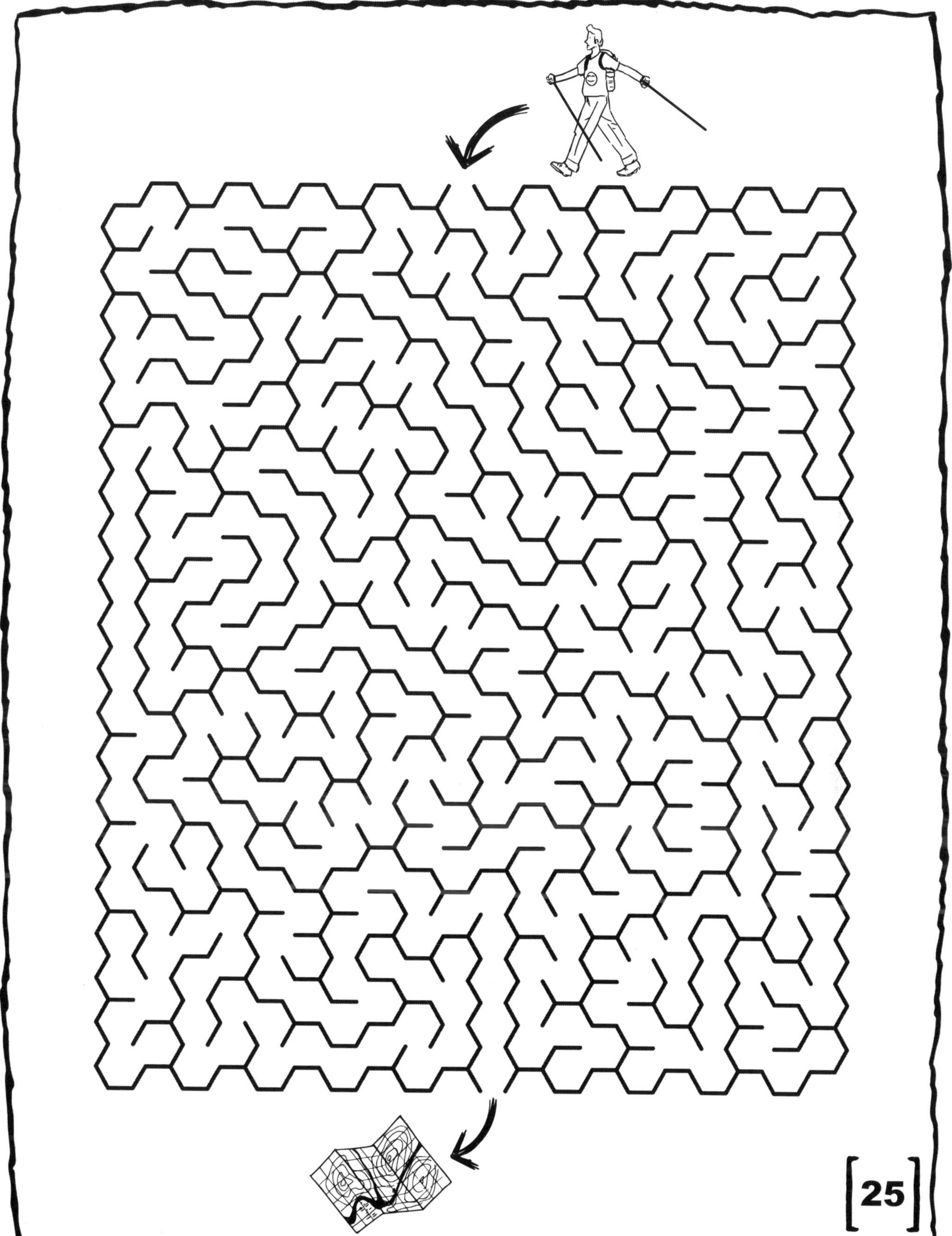

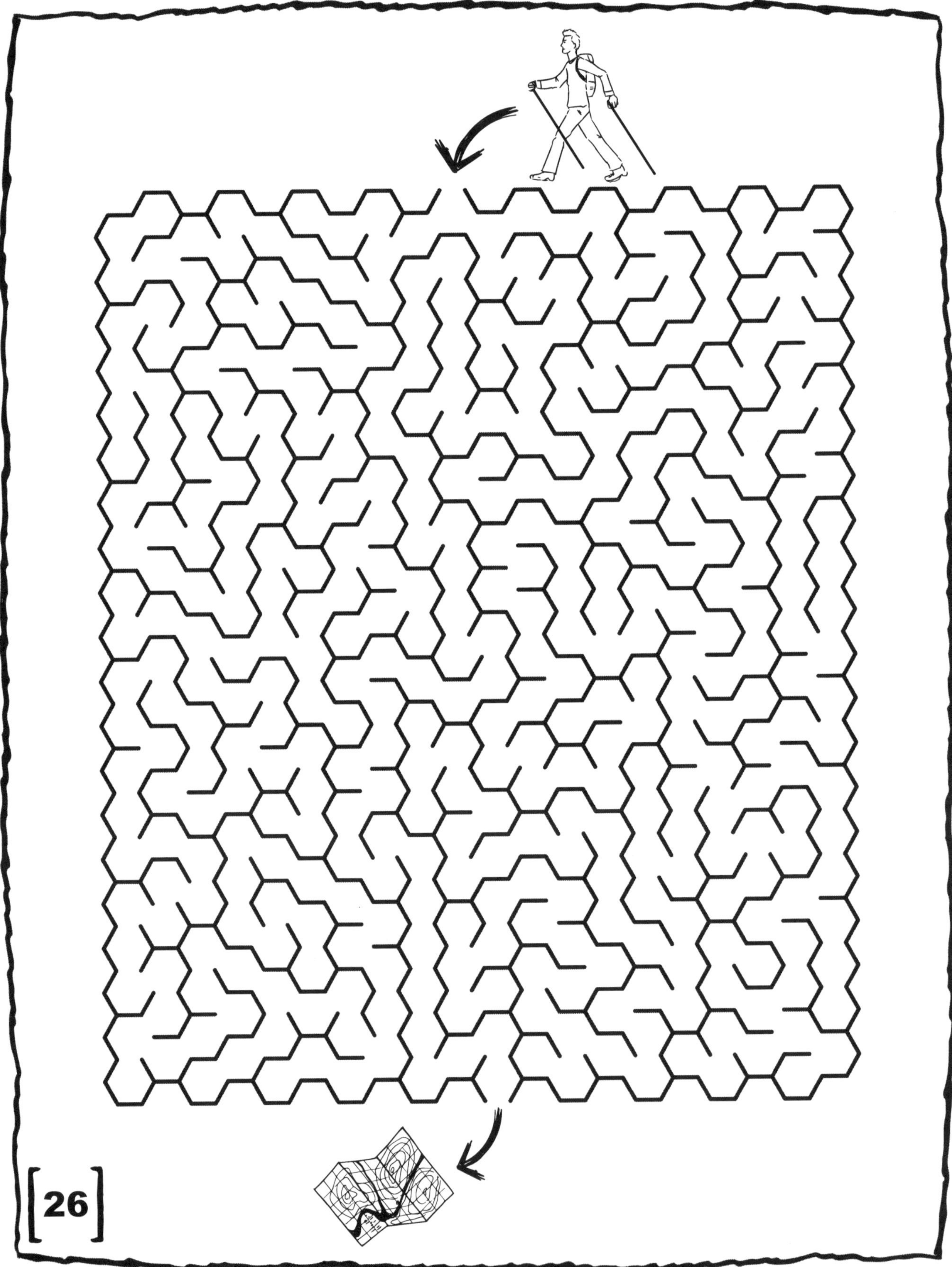

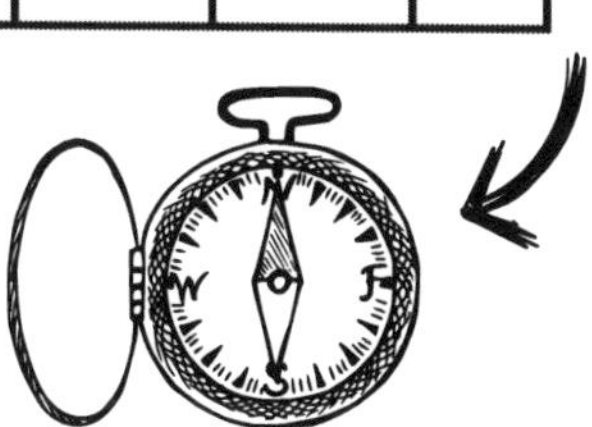

27

W · N · E · S

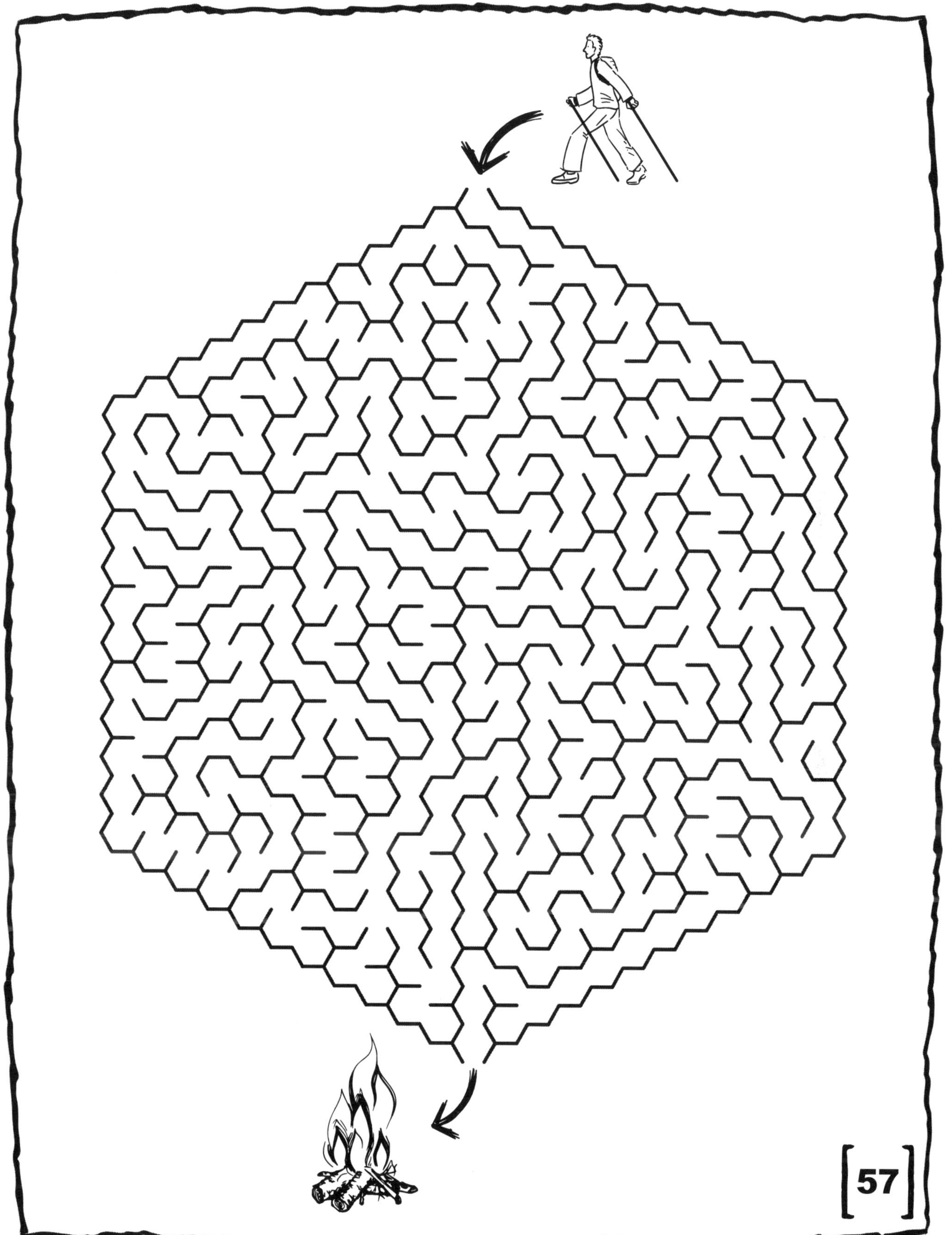

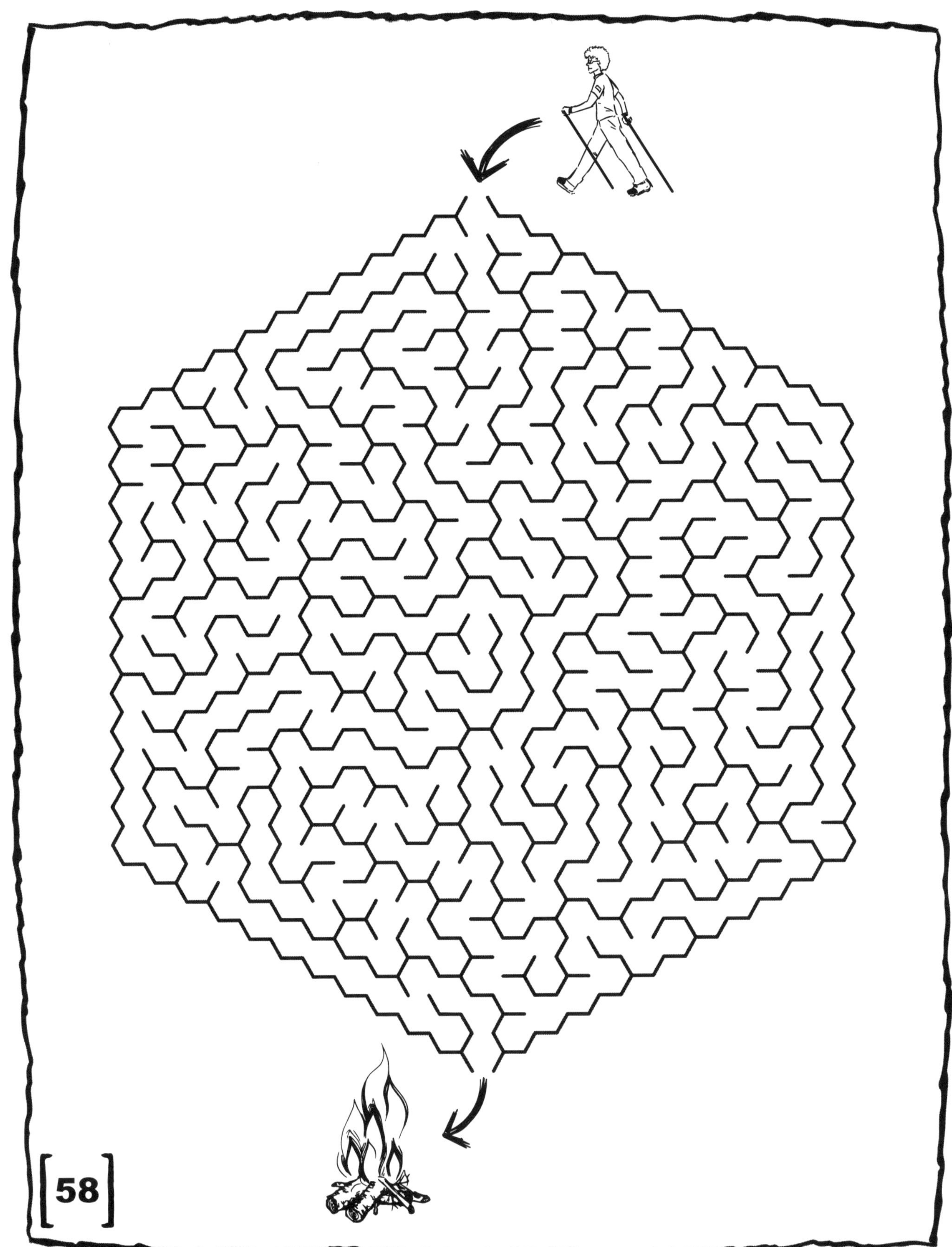

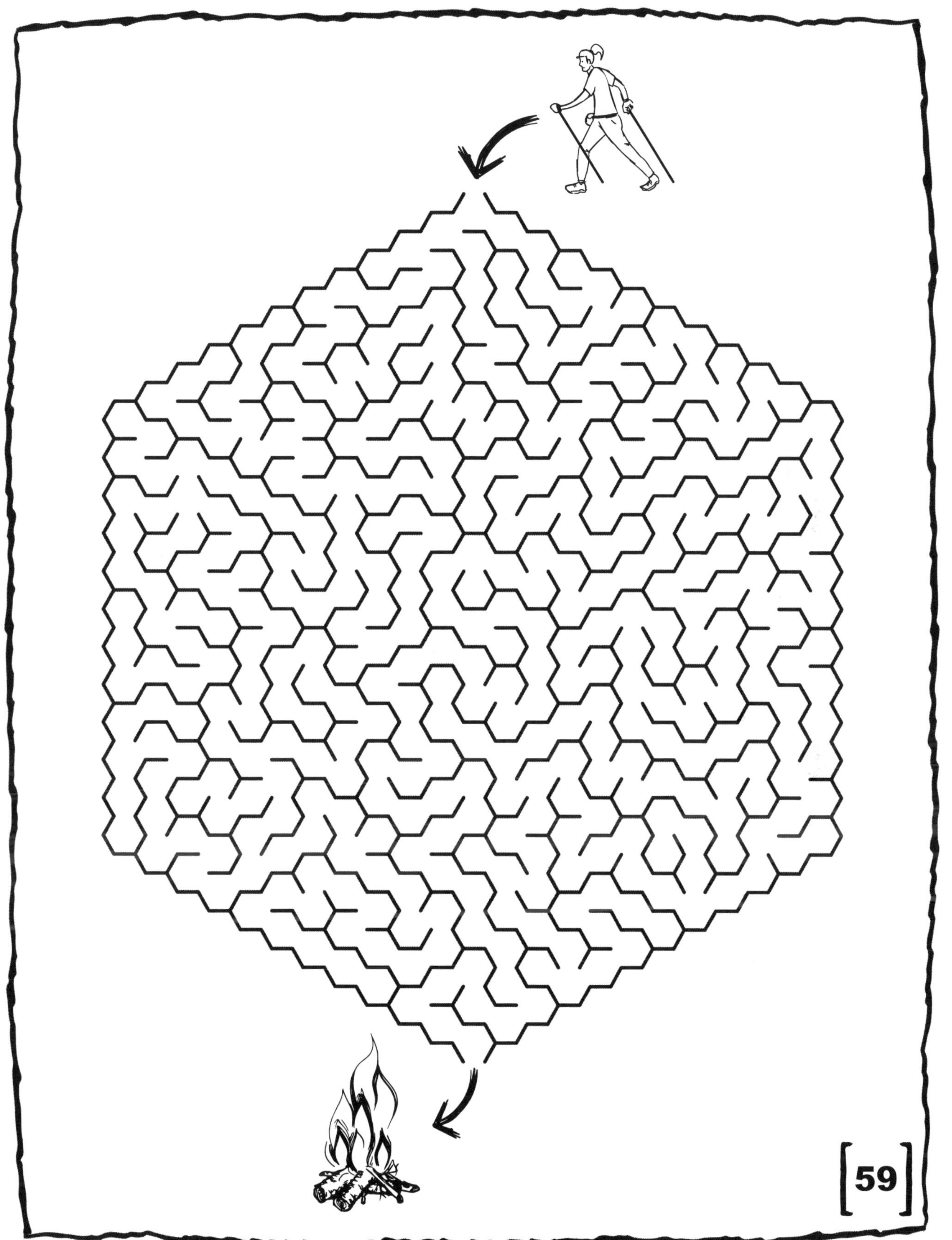

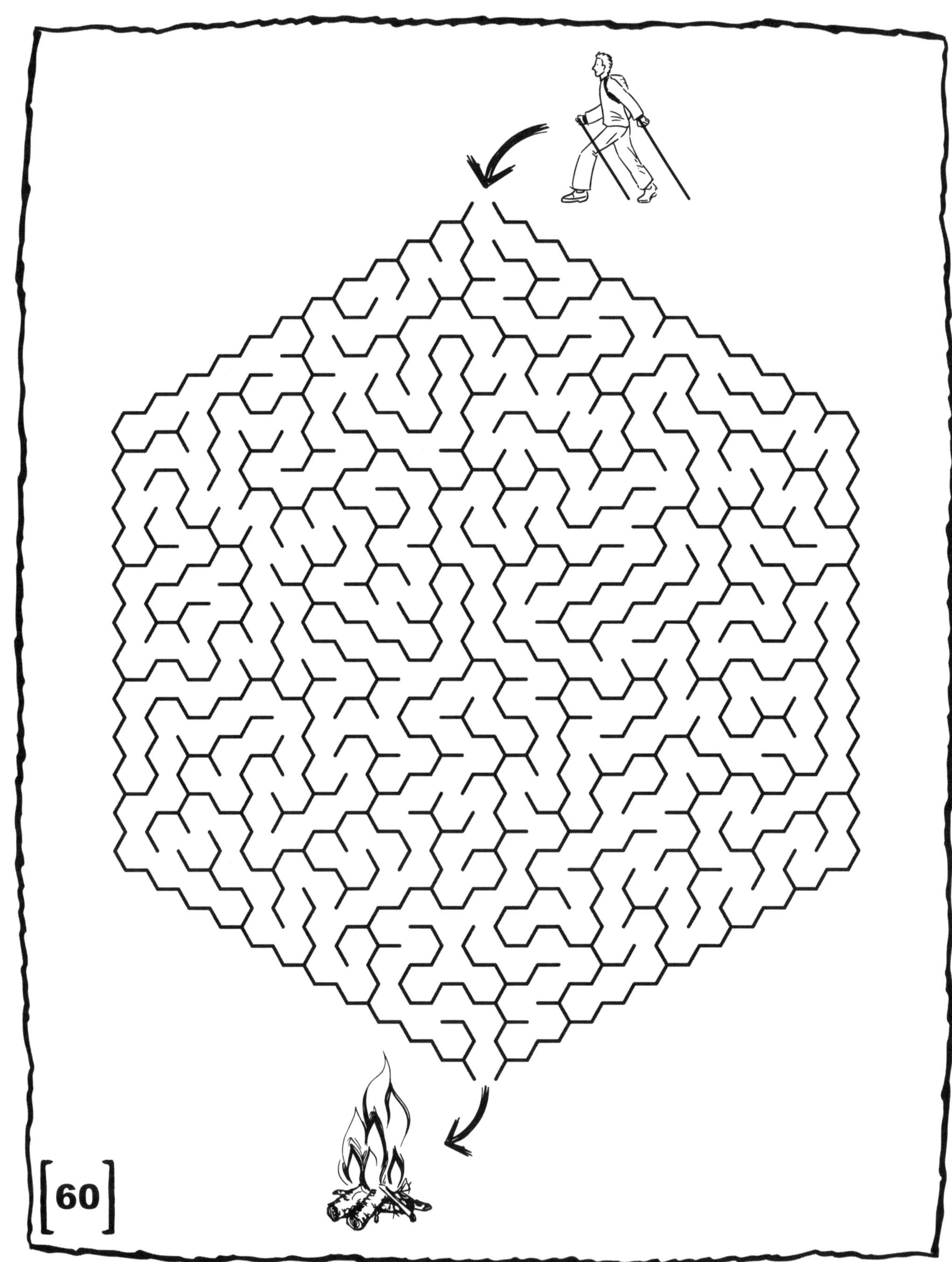

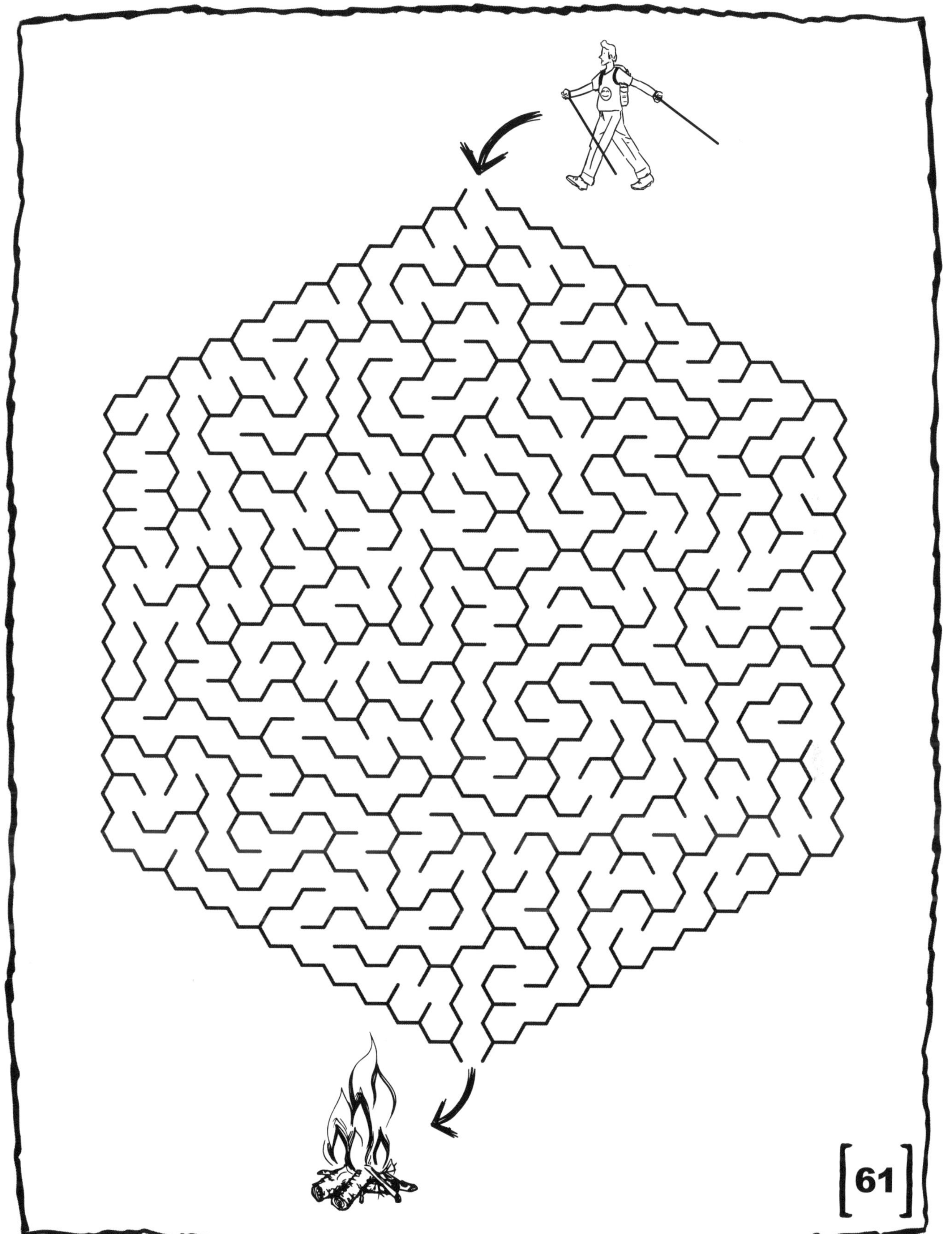

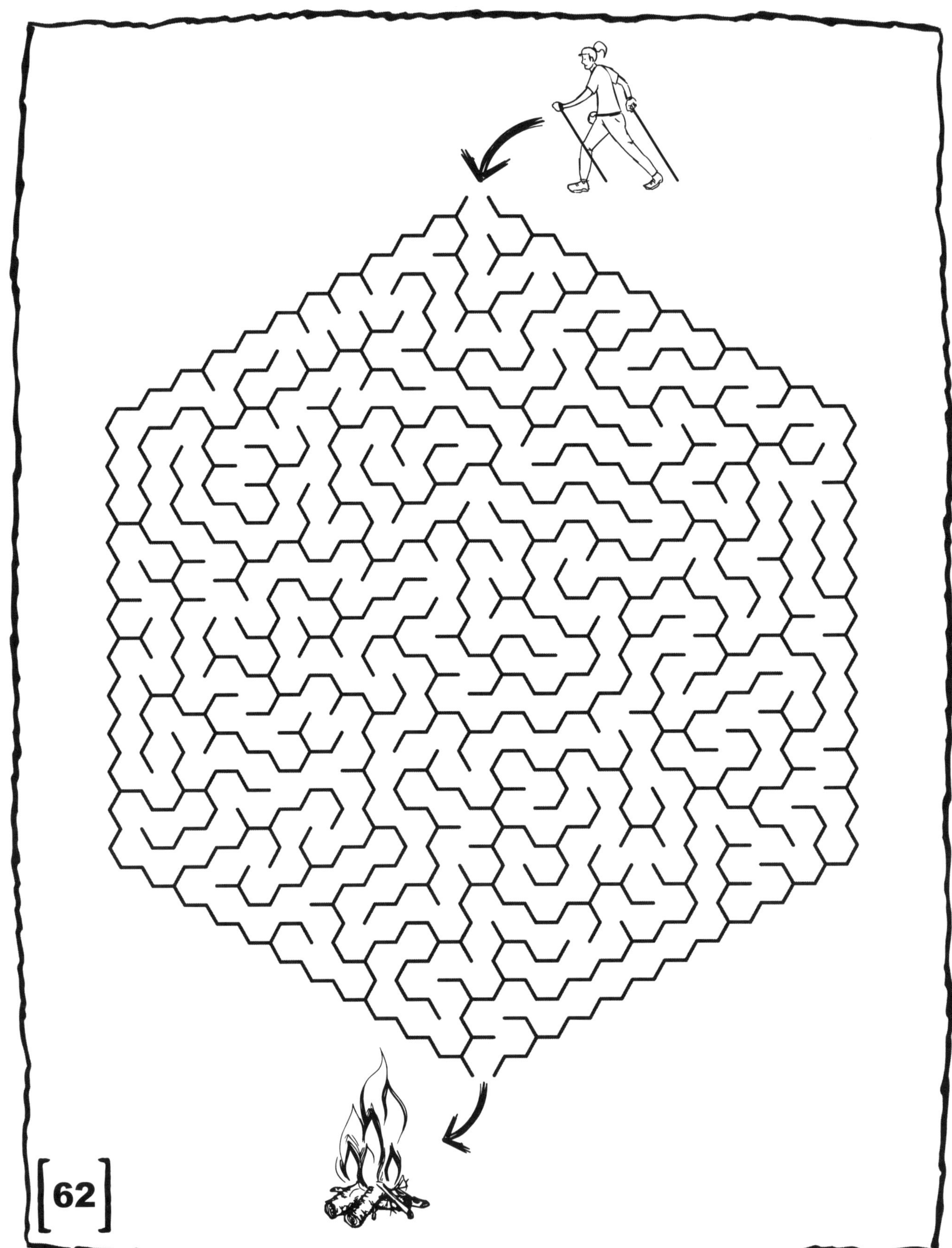

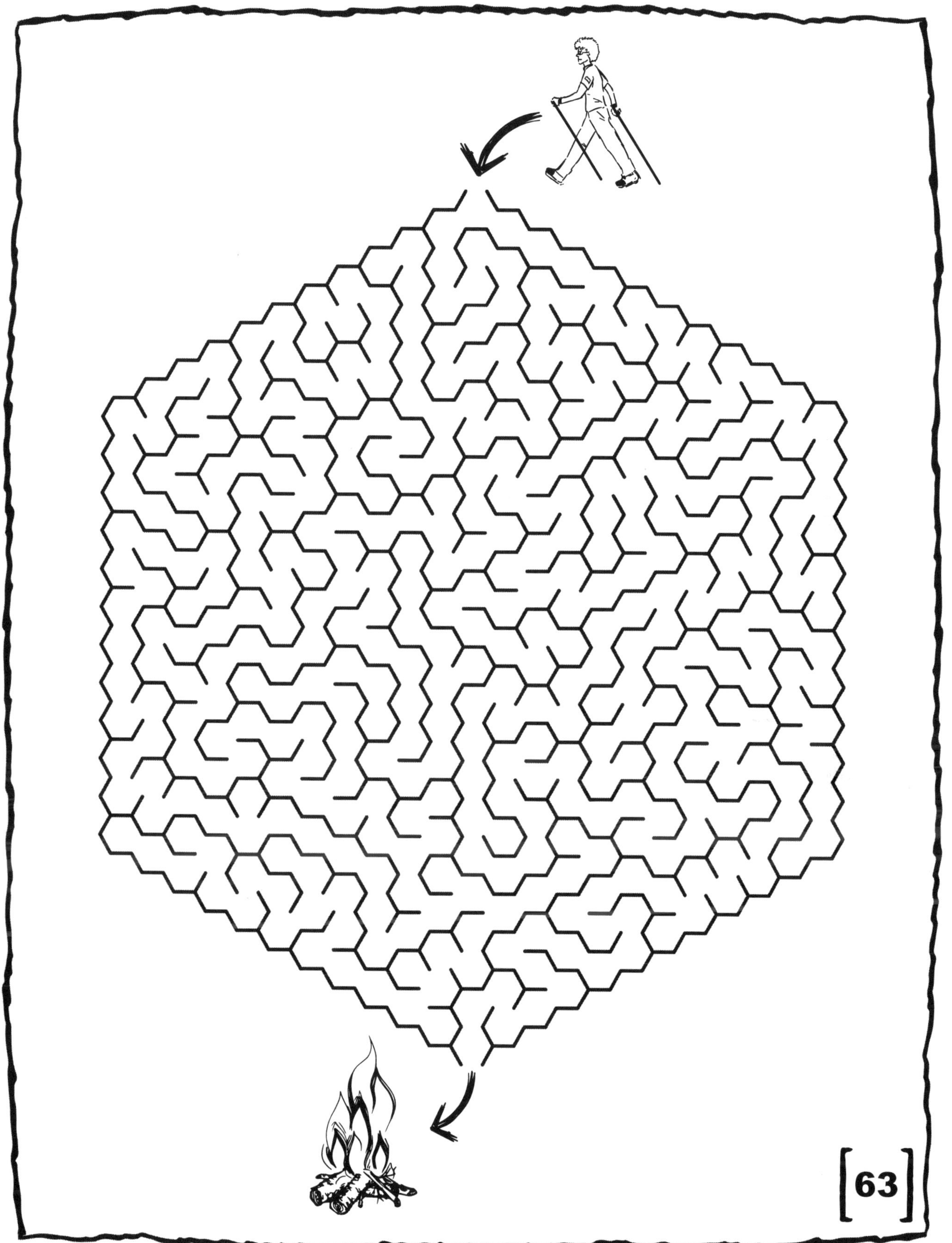

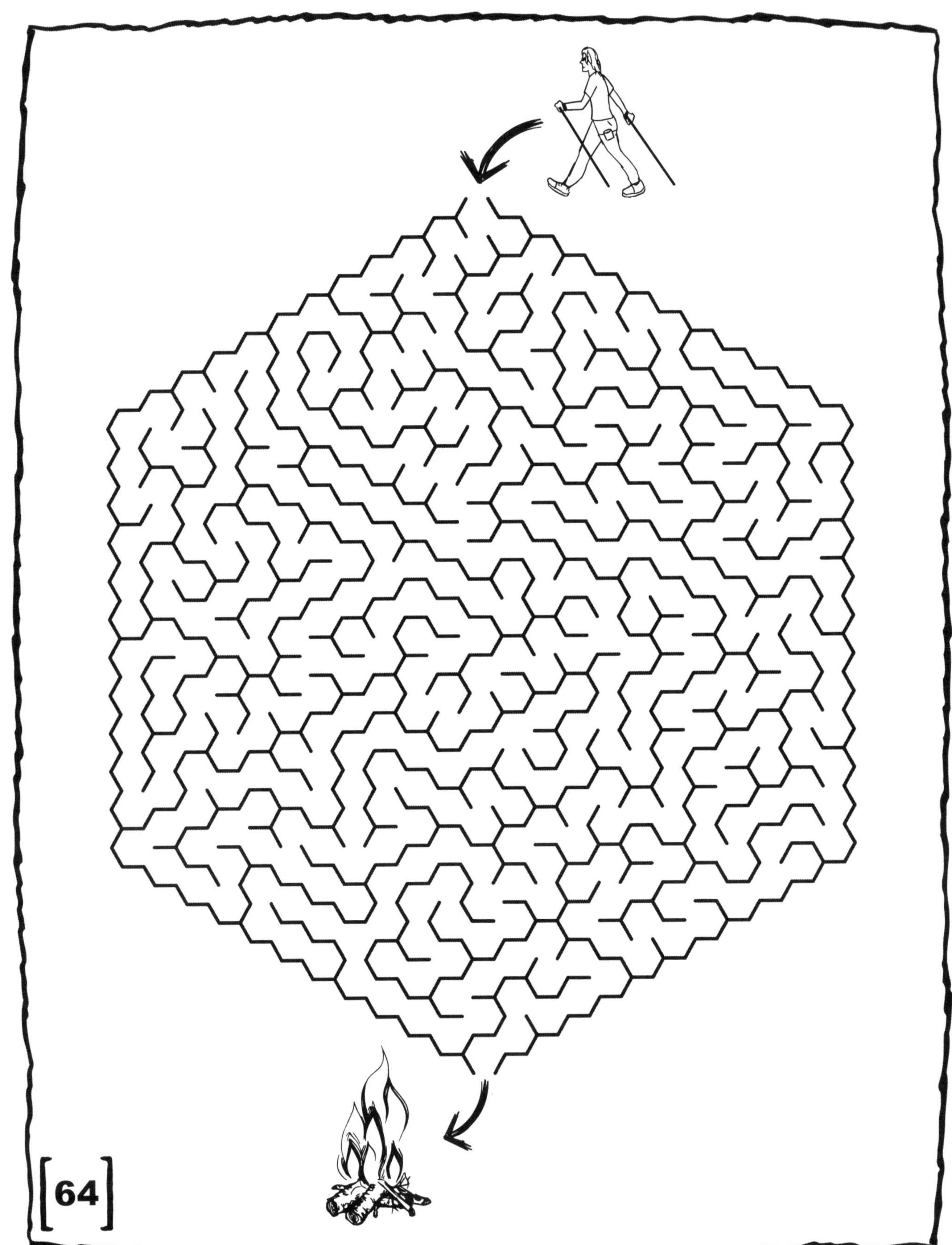

[64]

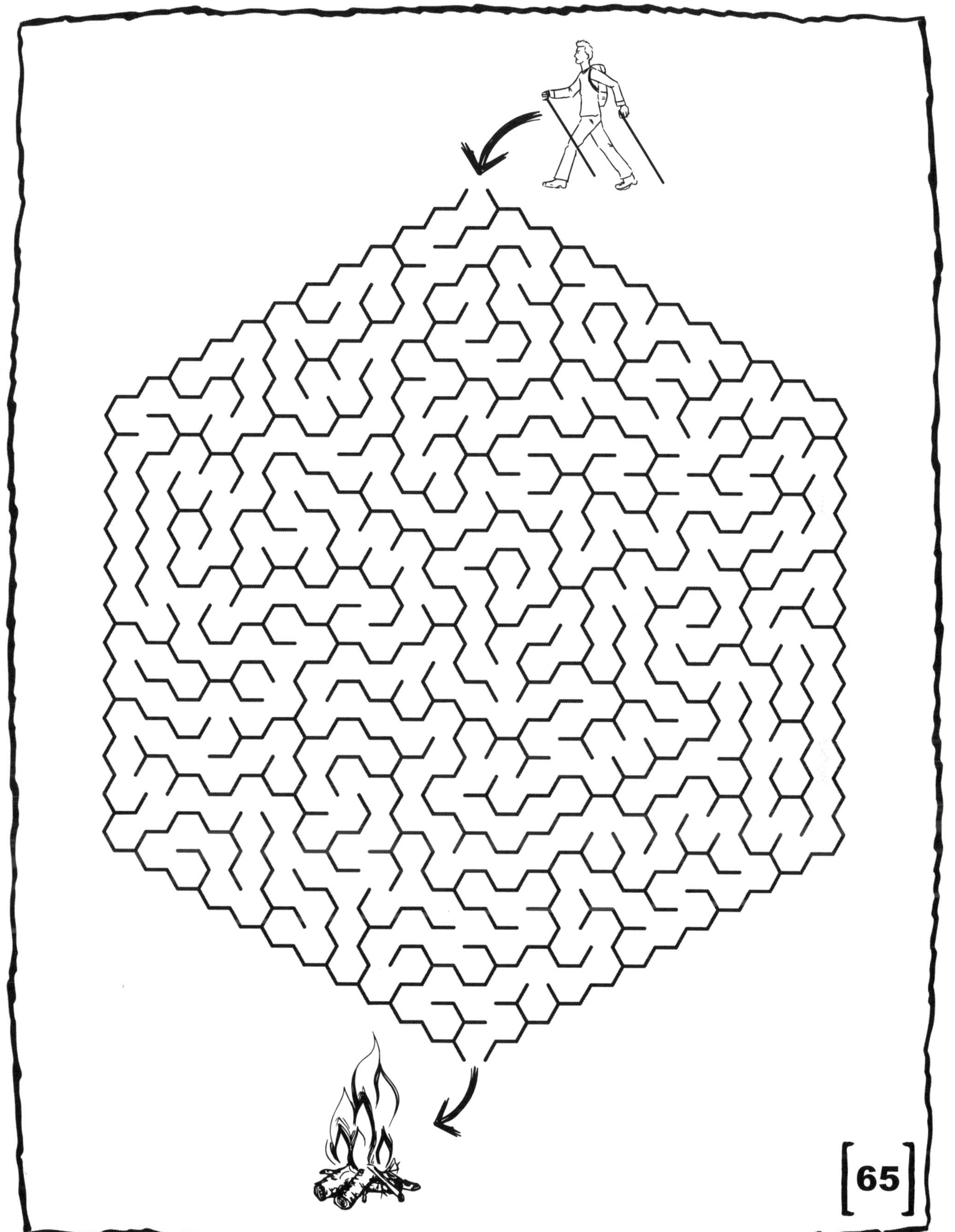

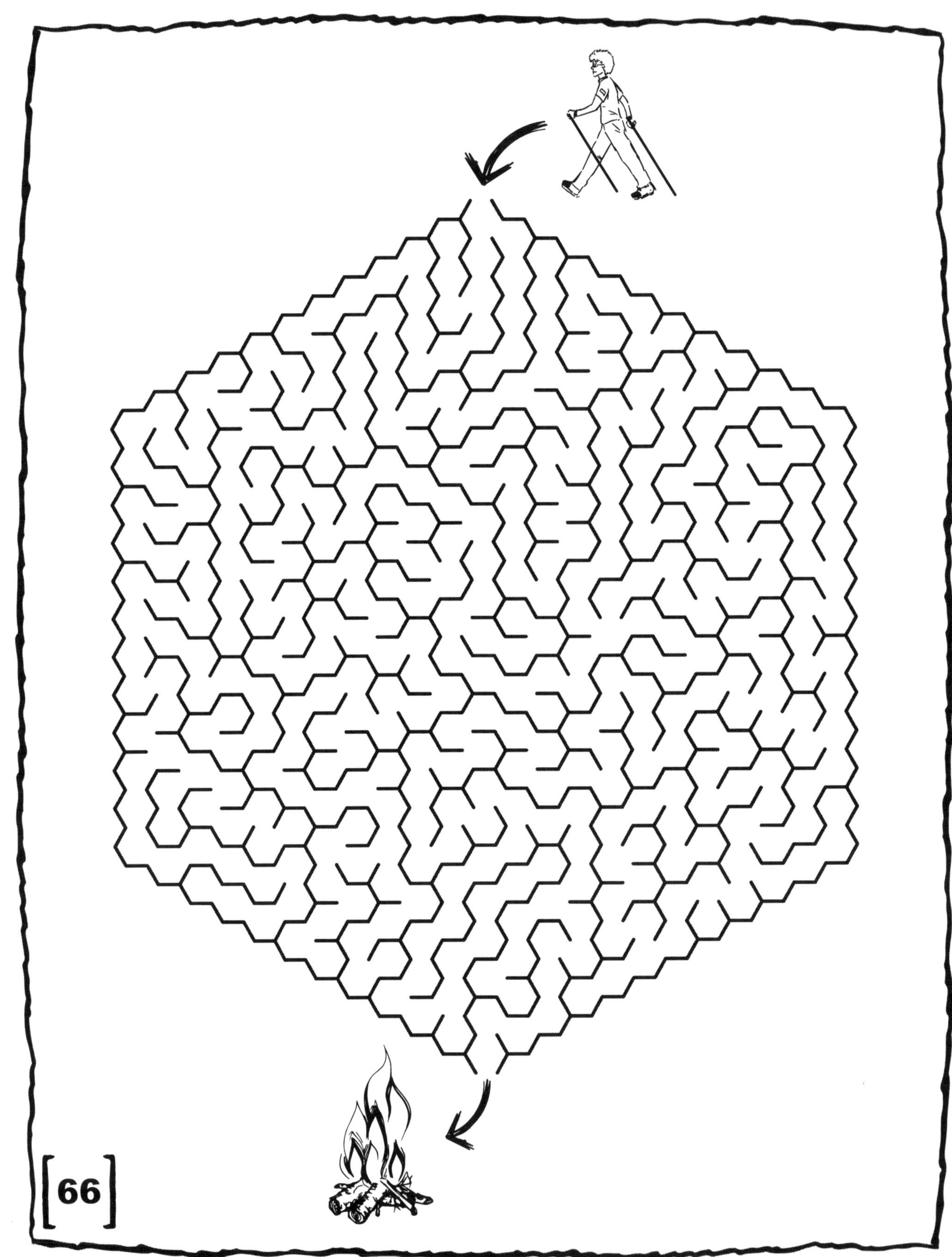

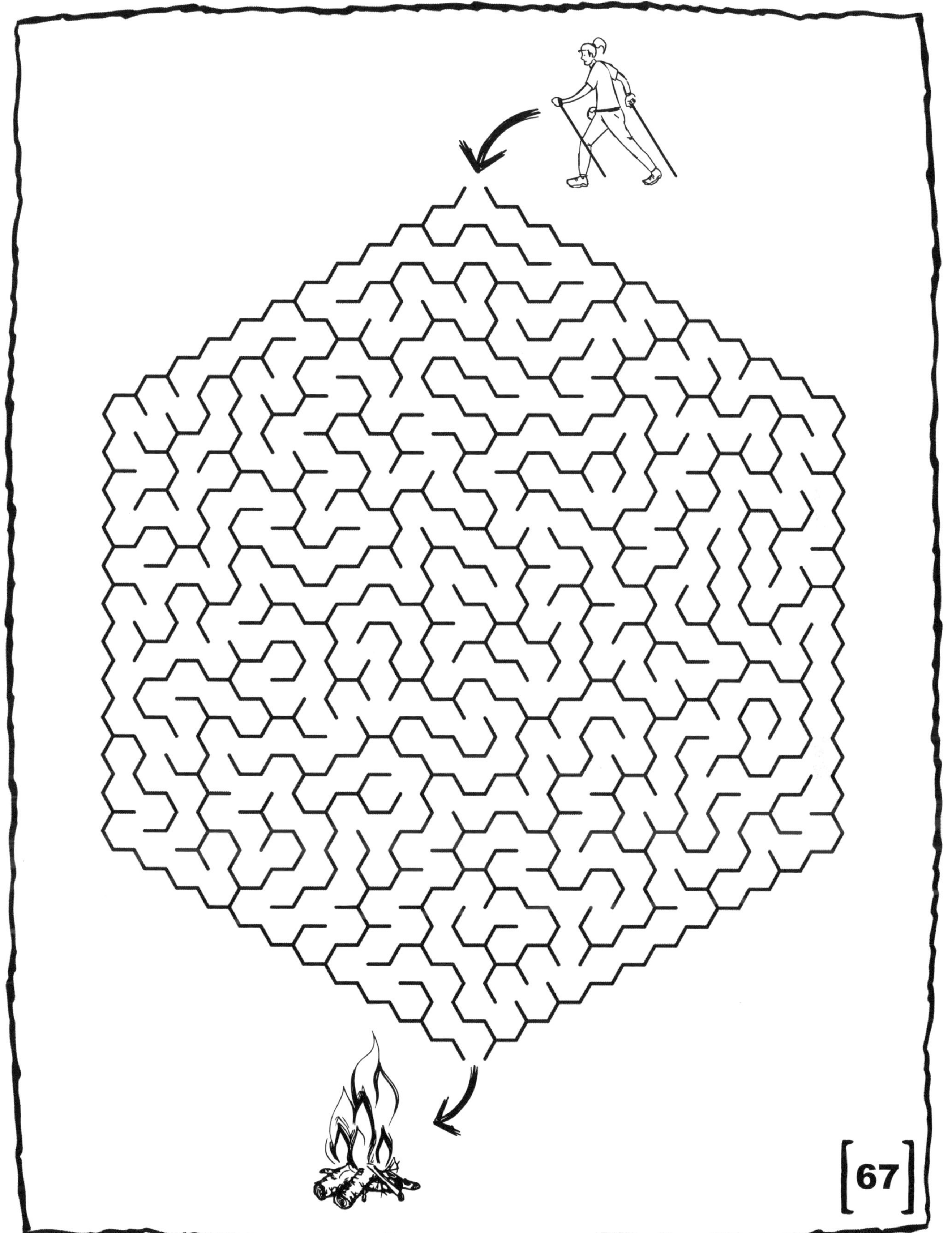

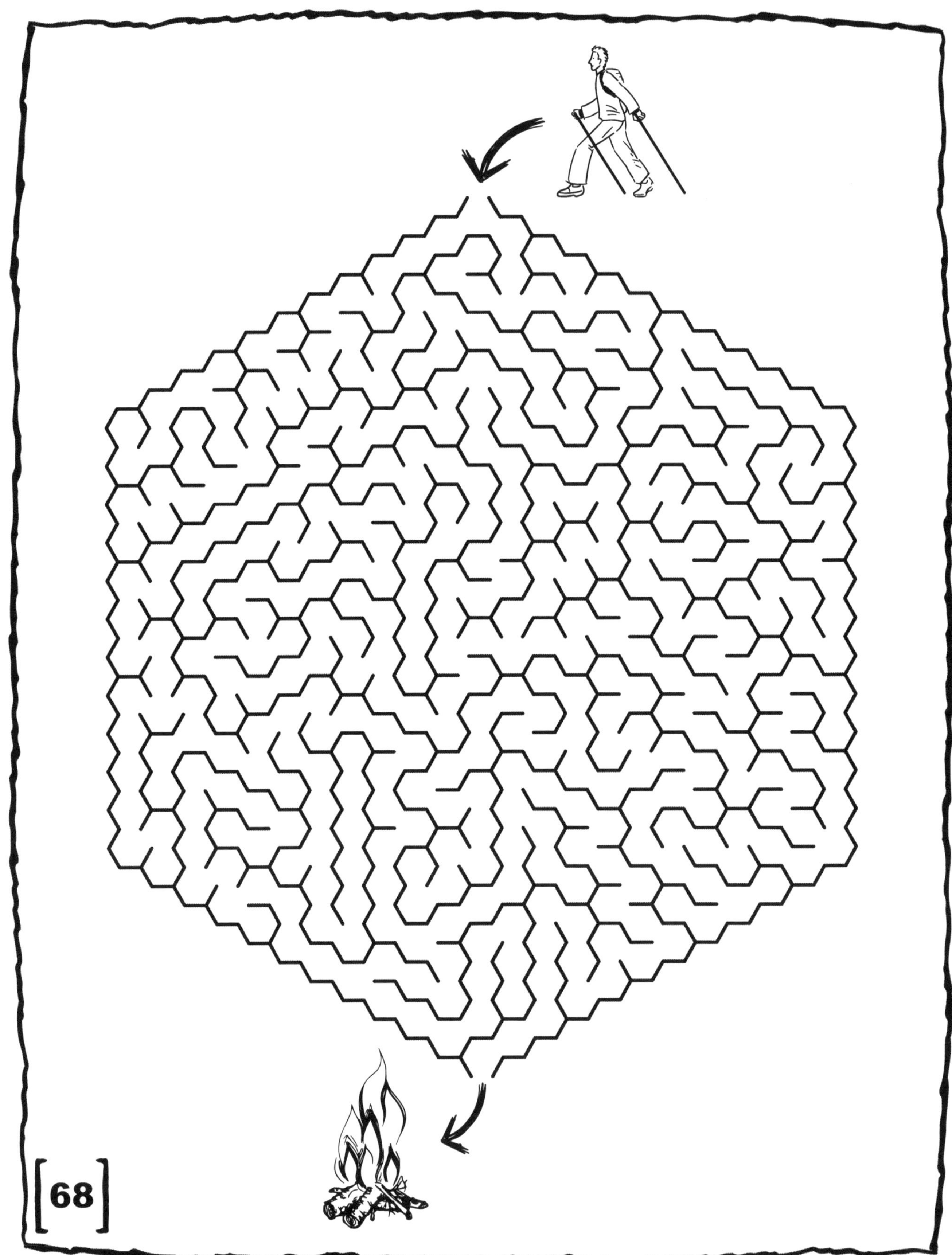

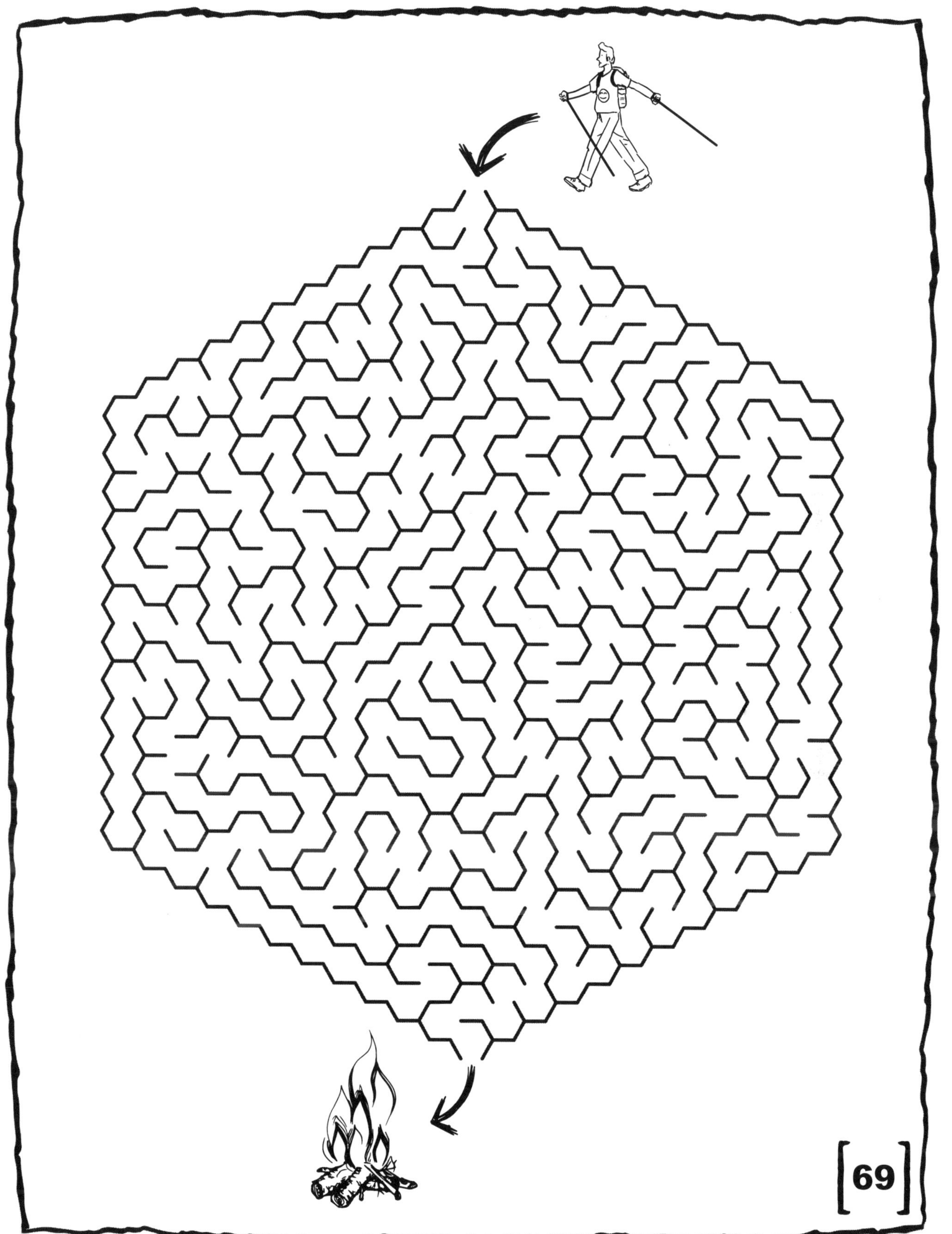

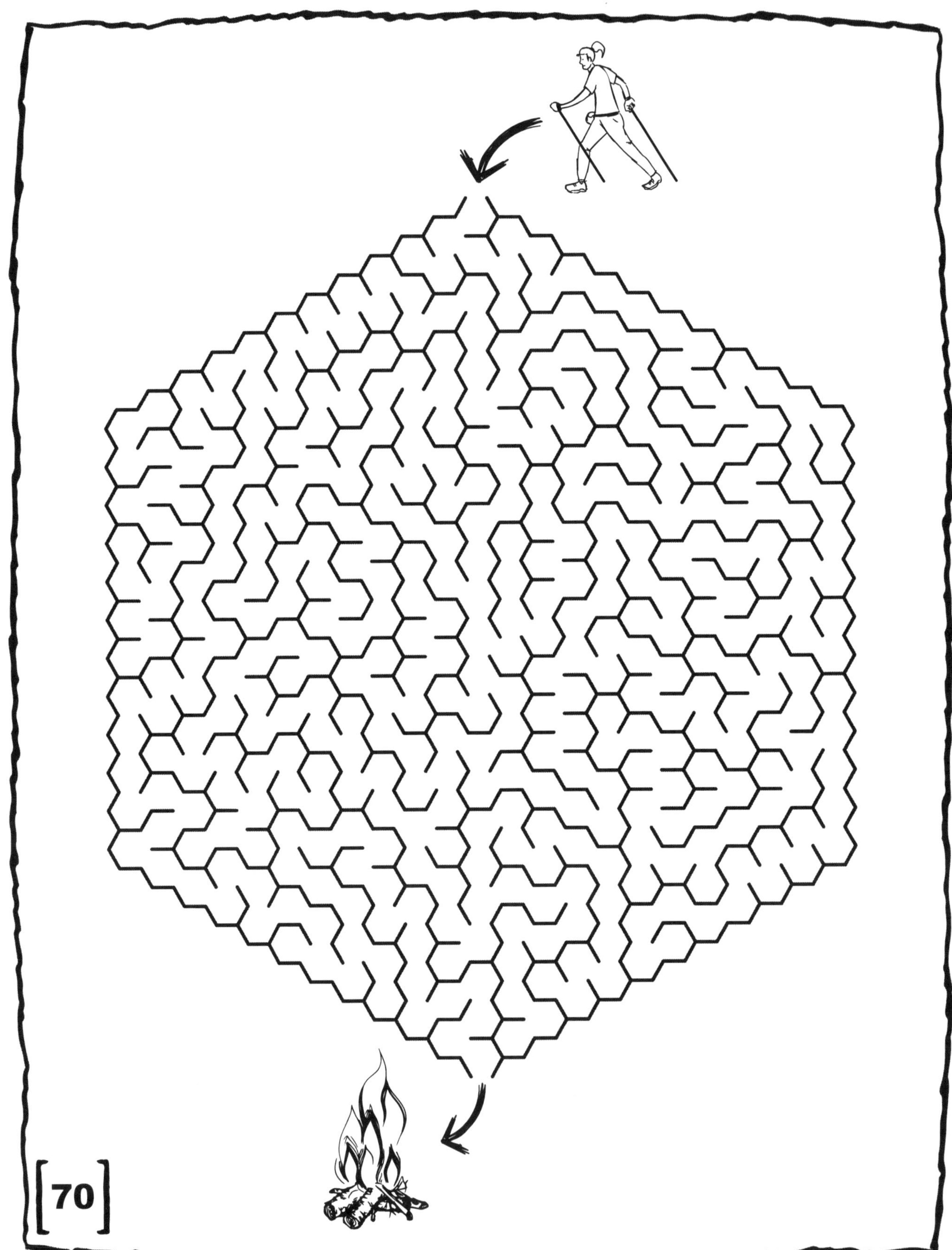

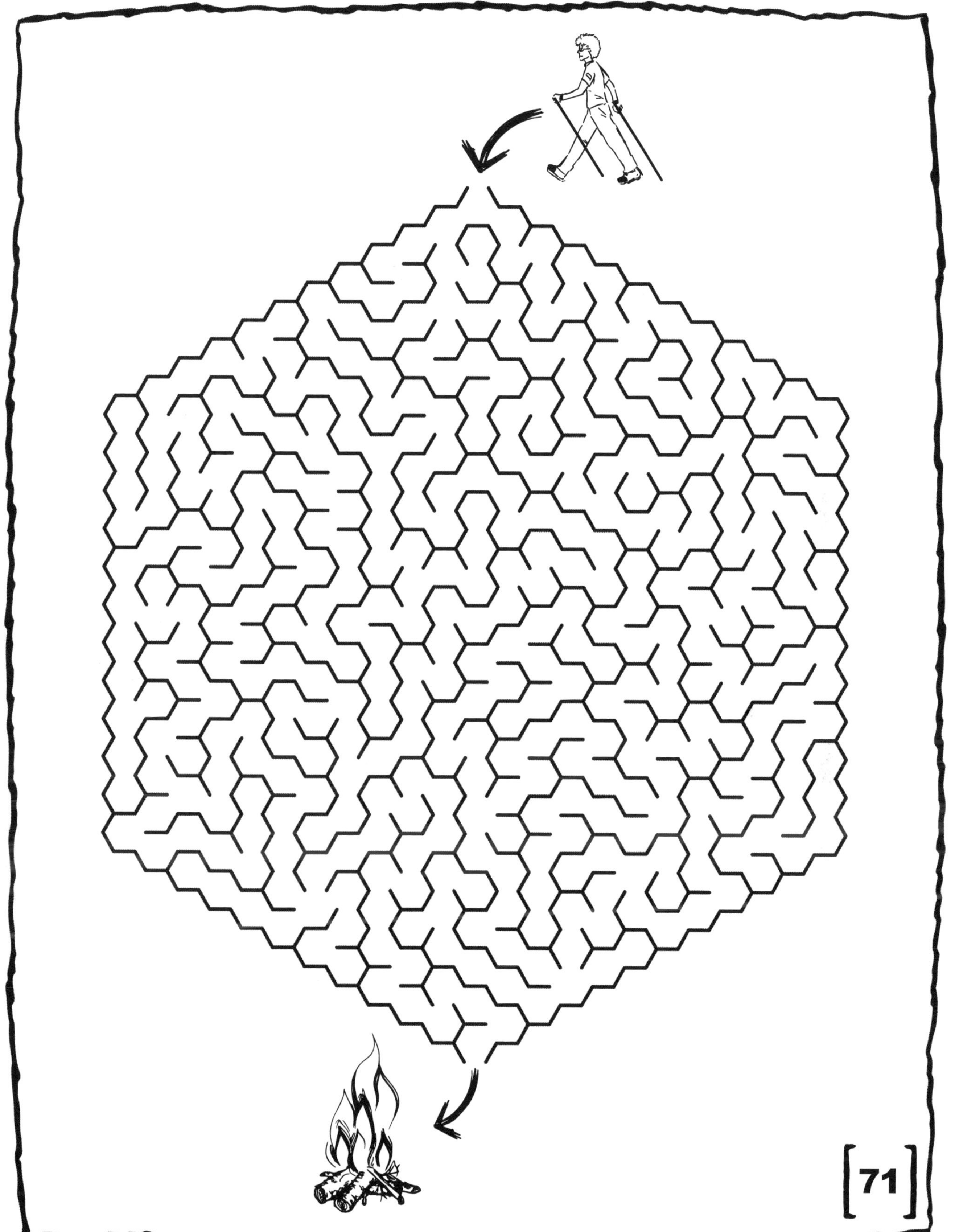

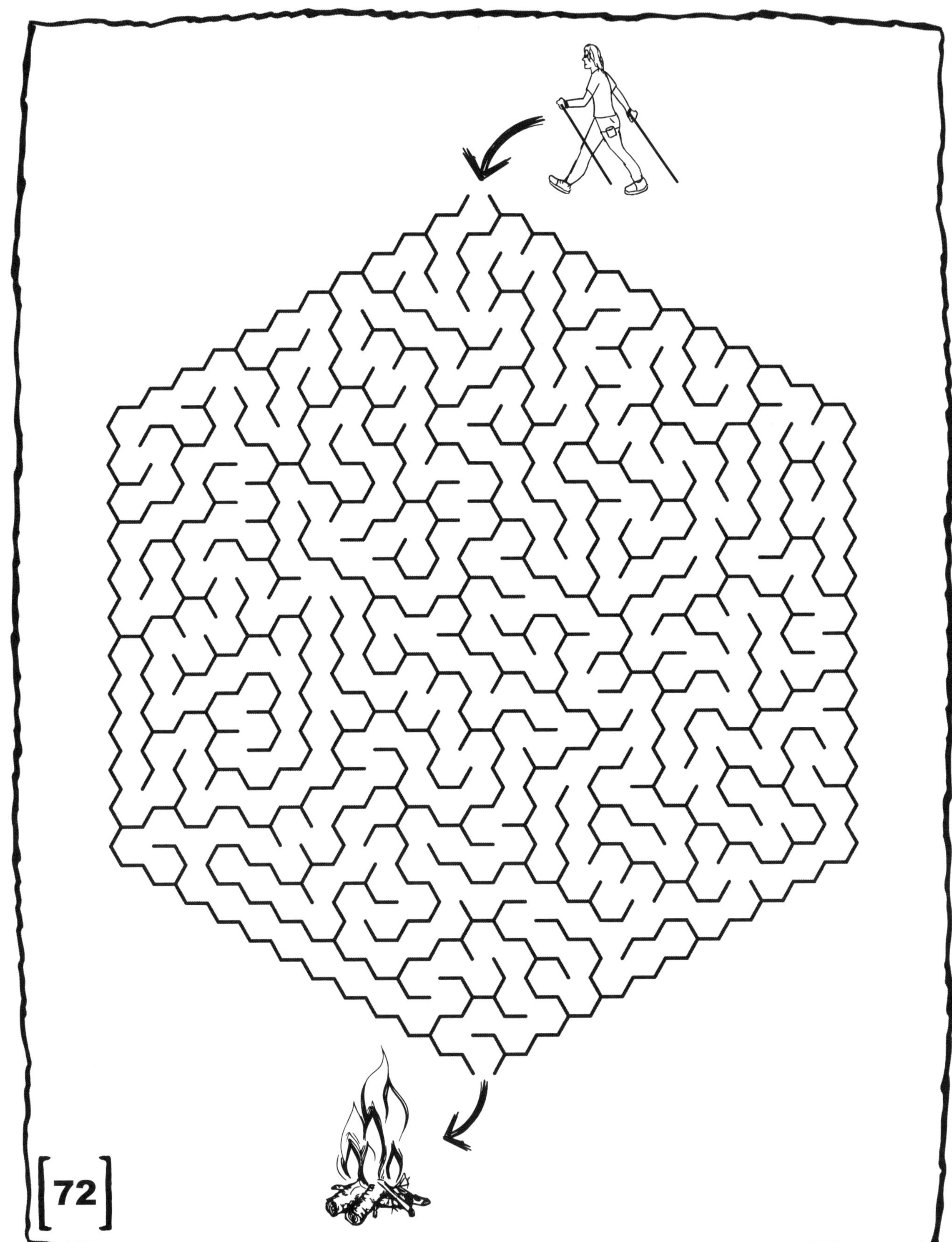

72

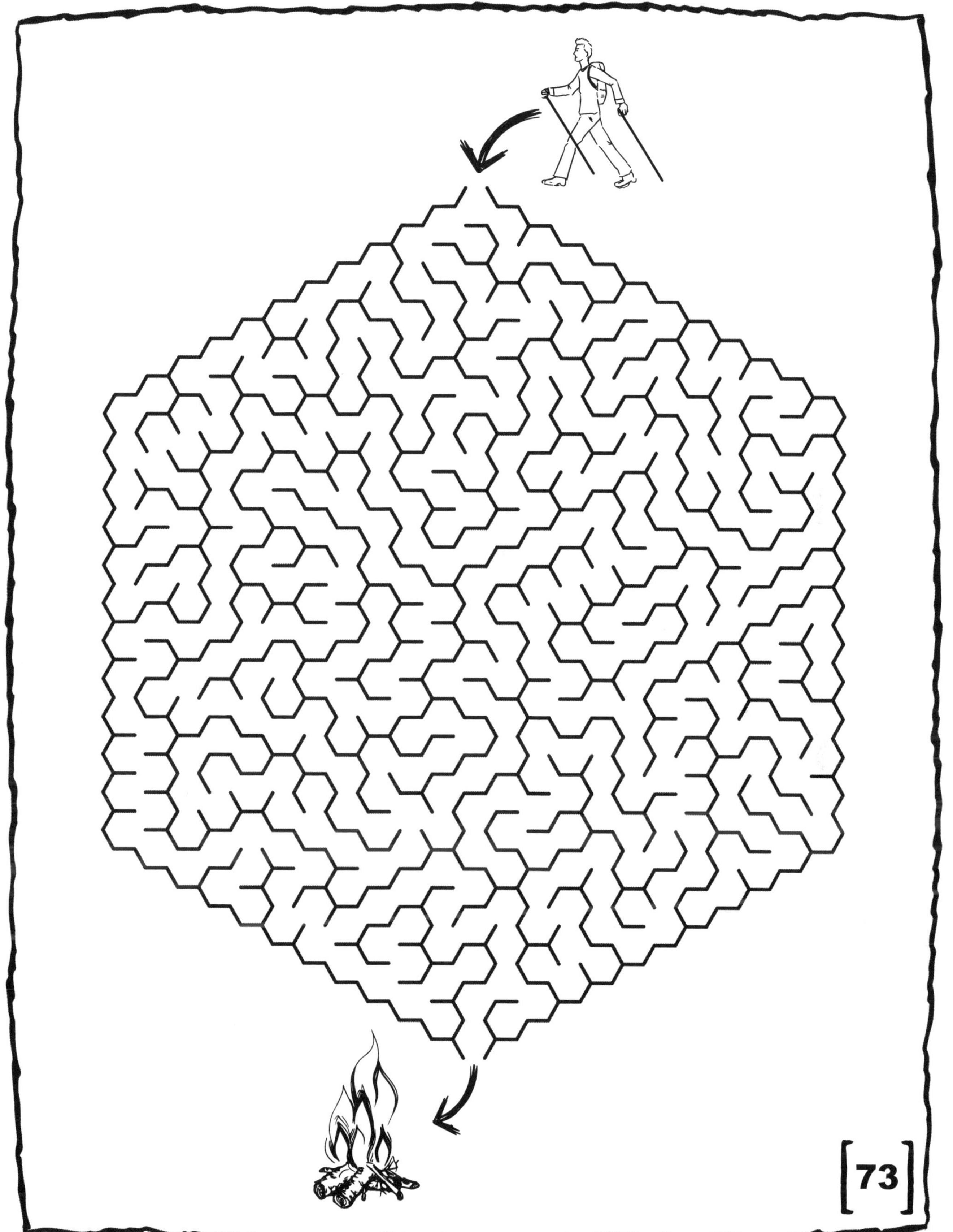

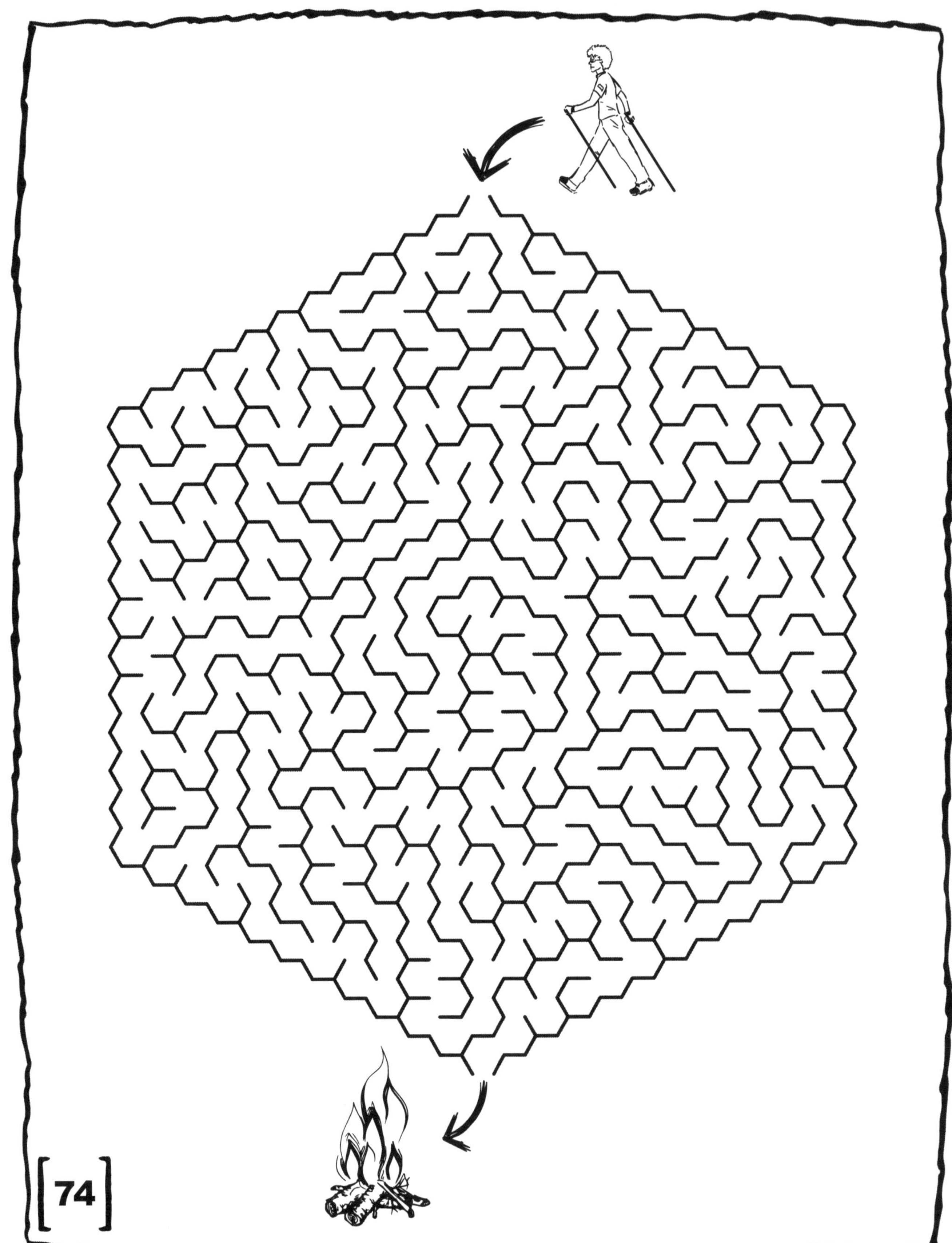

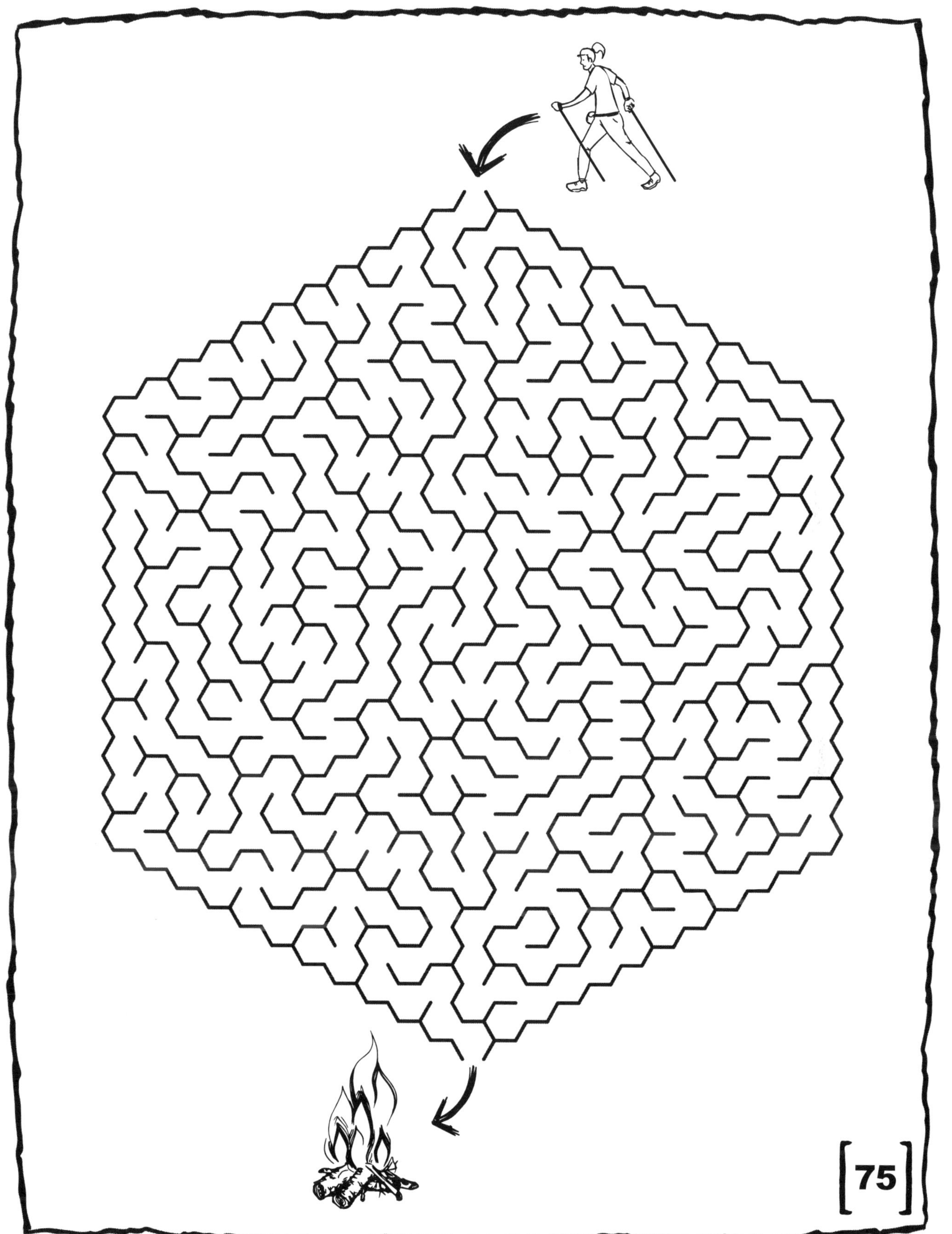

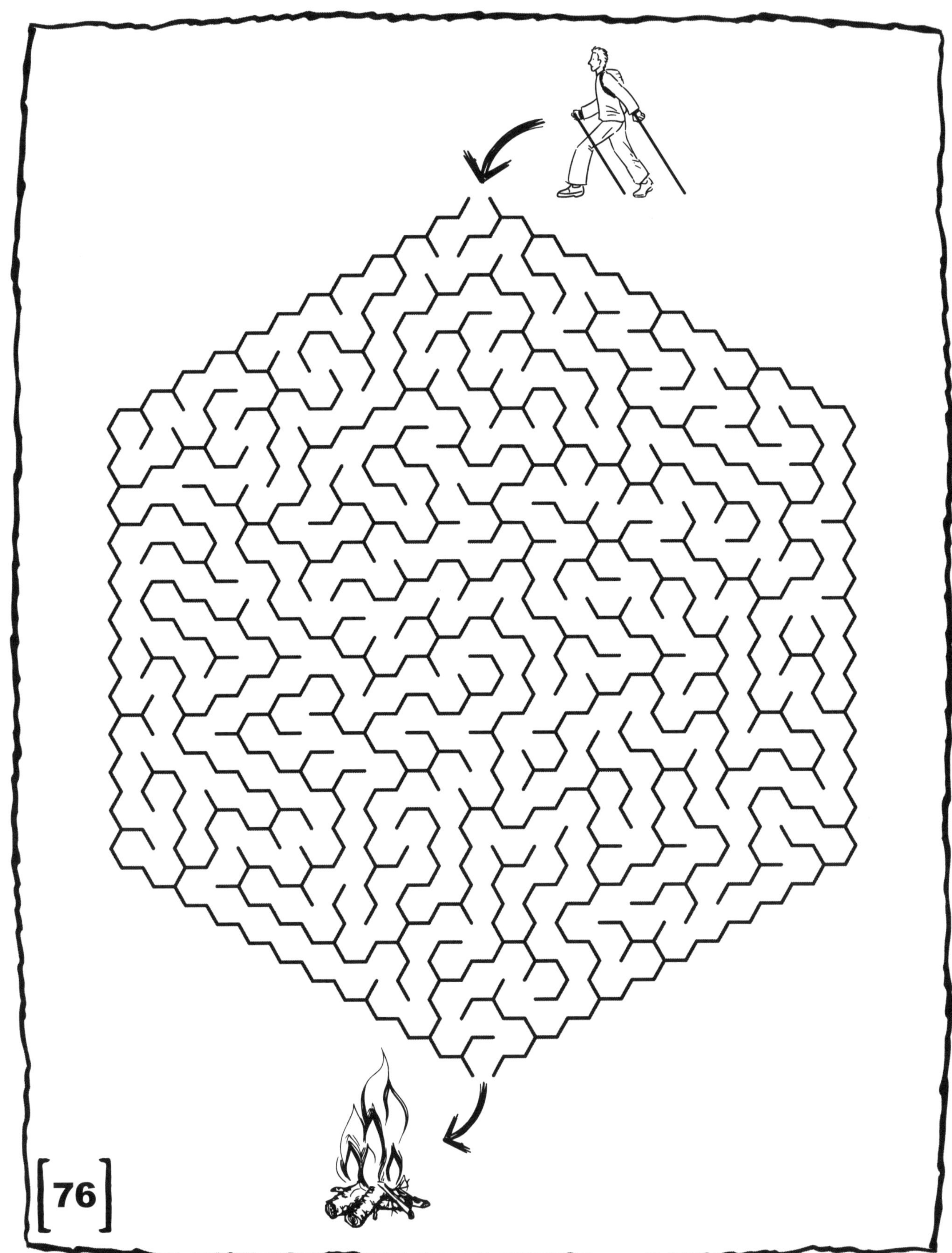

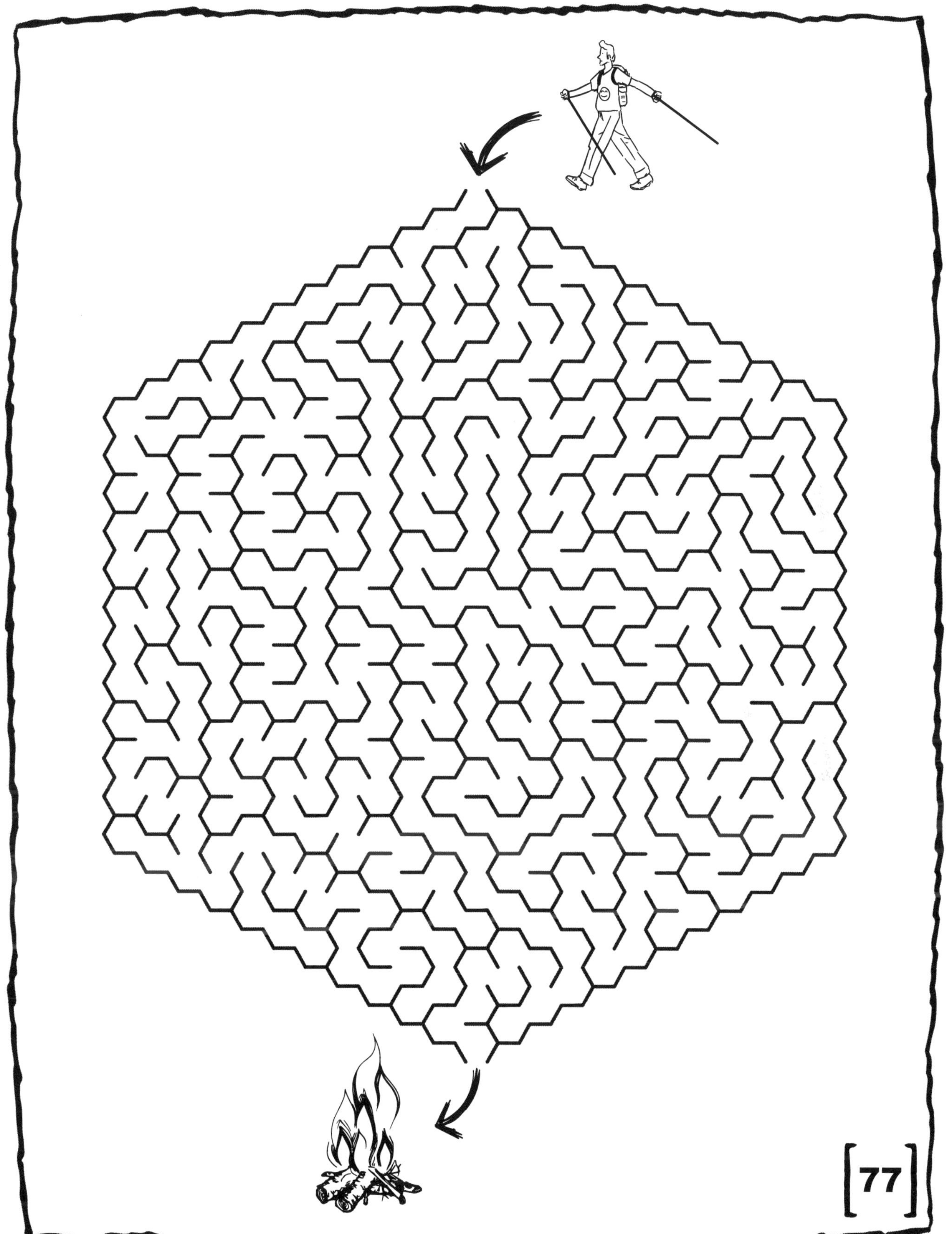

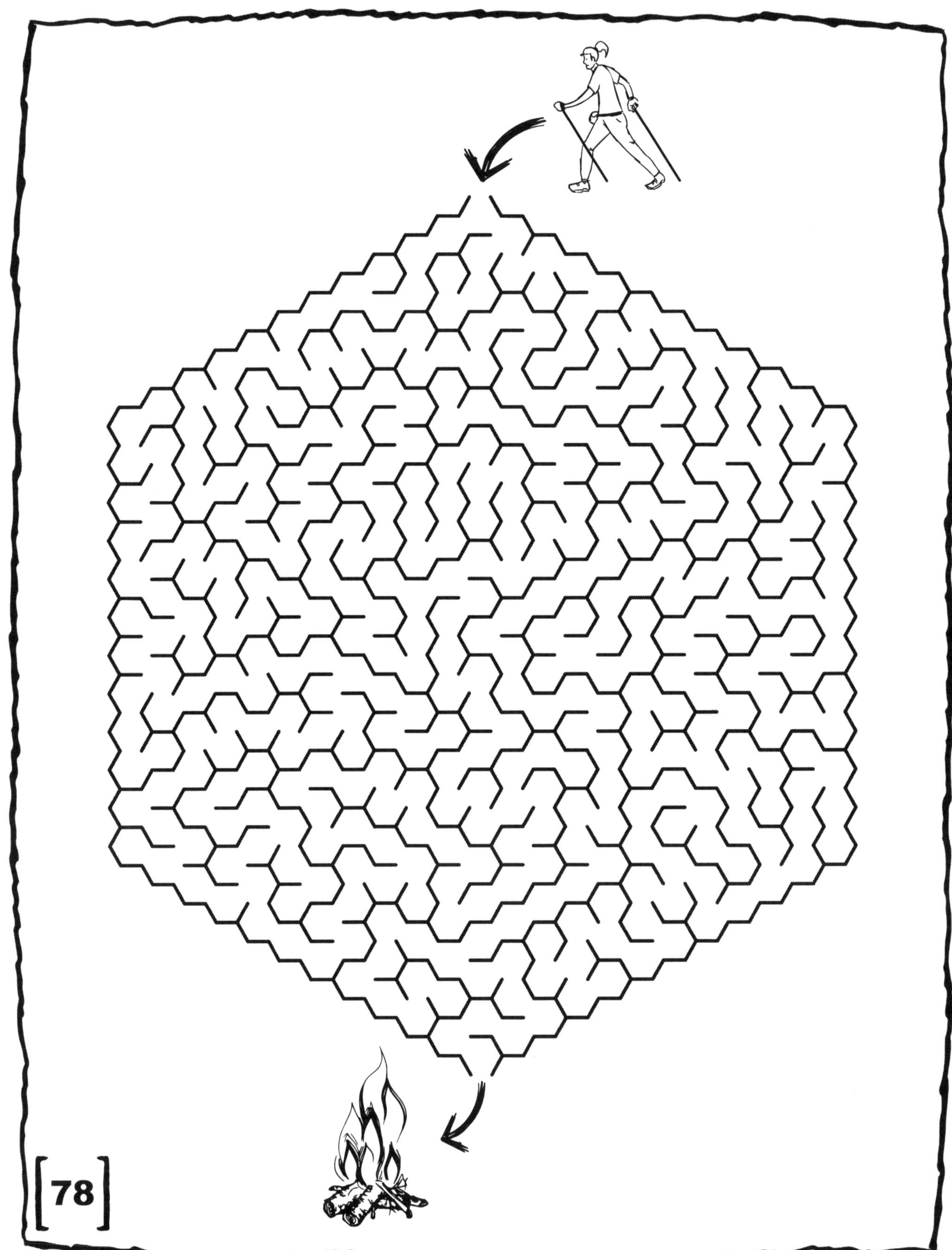

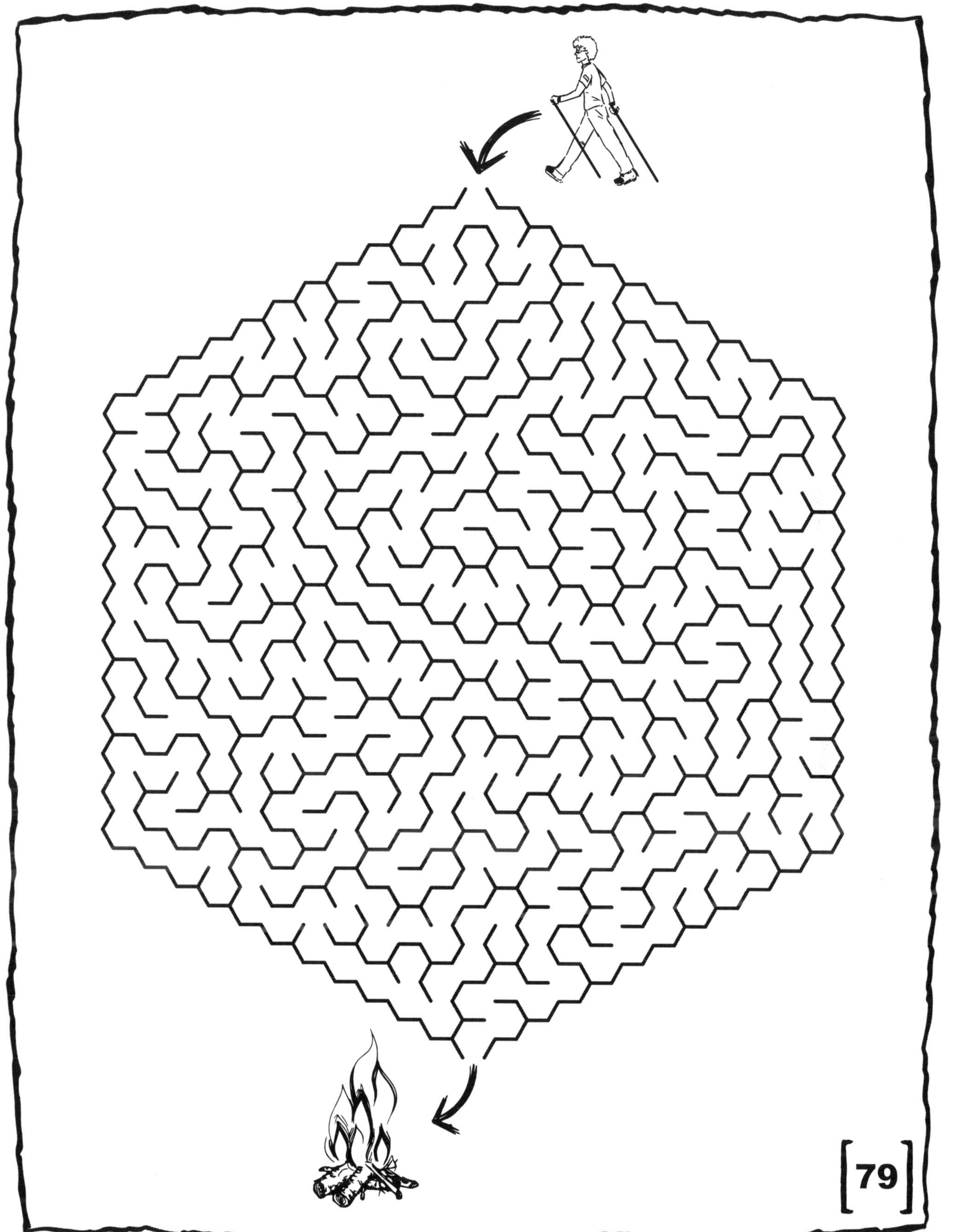

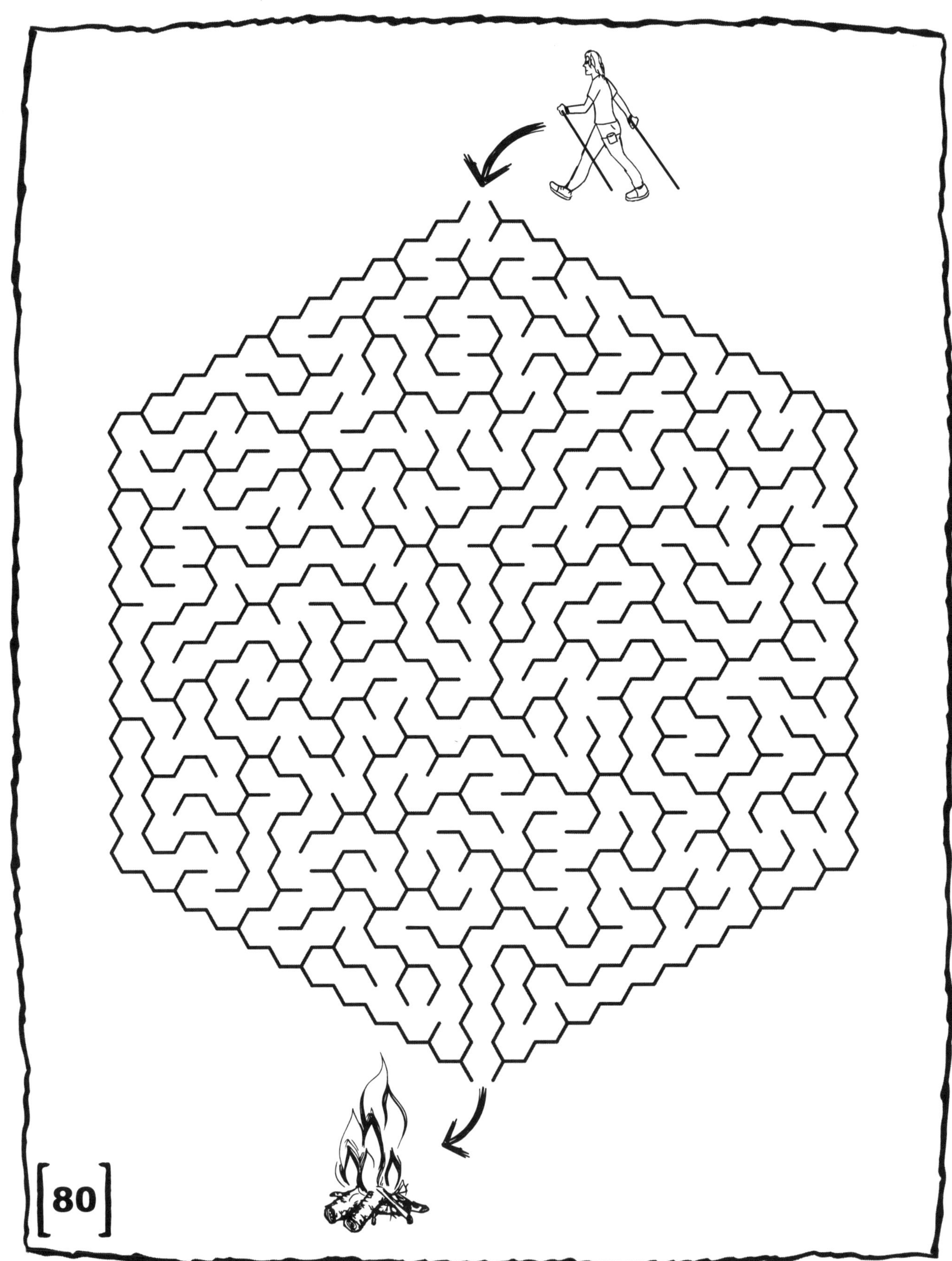

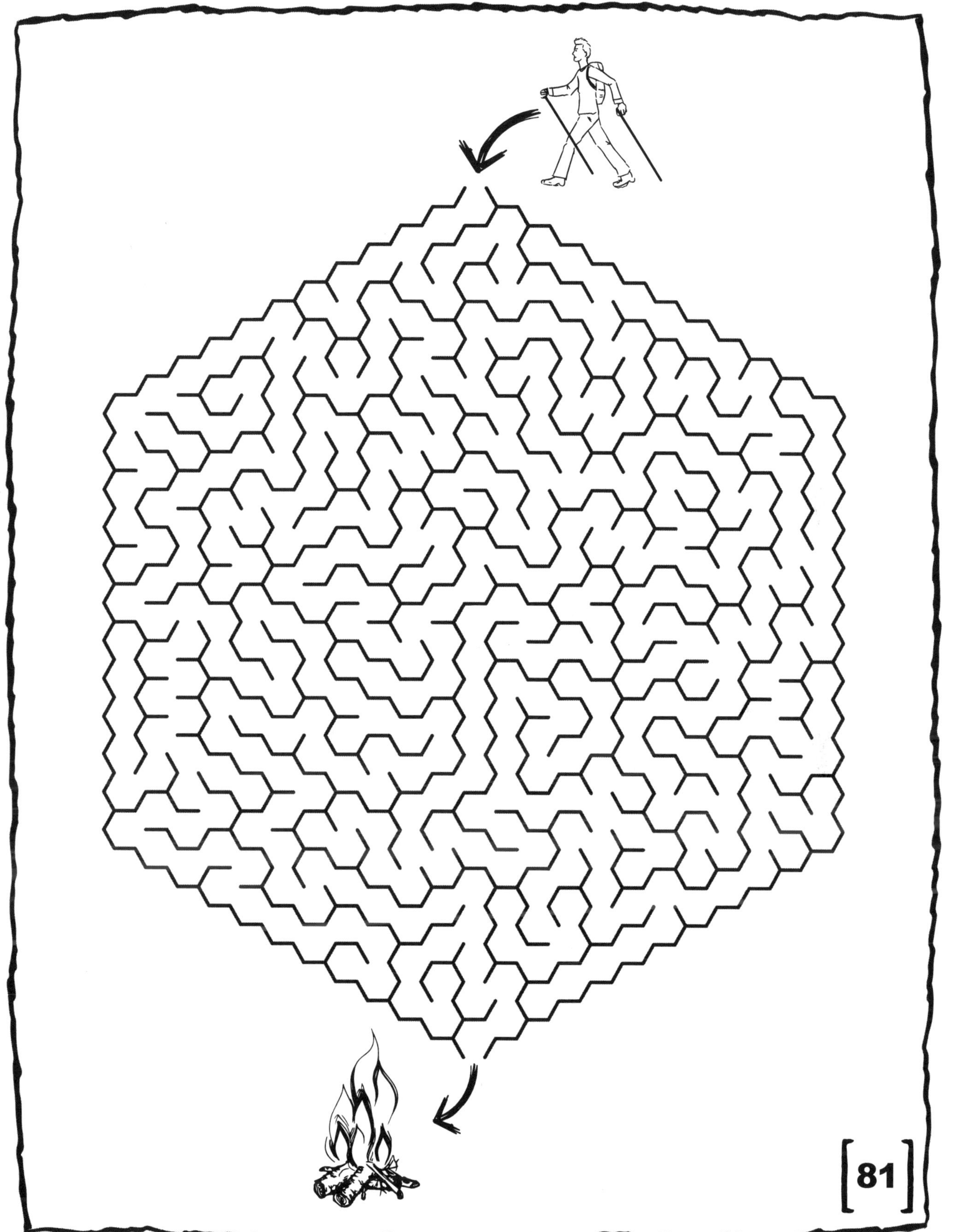

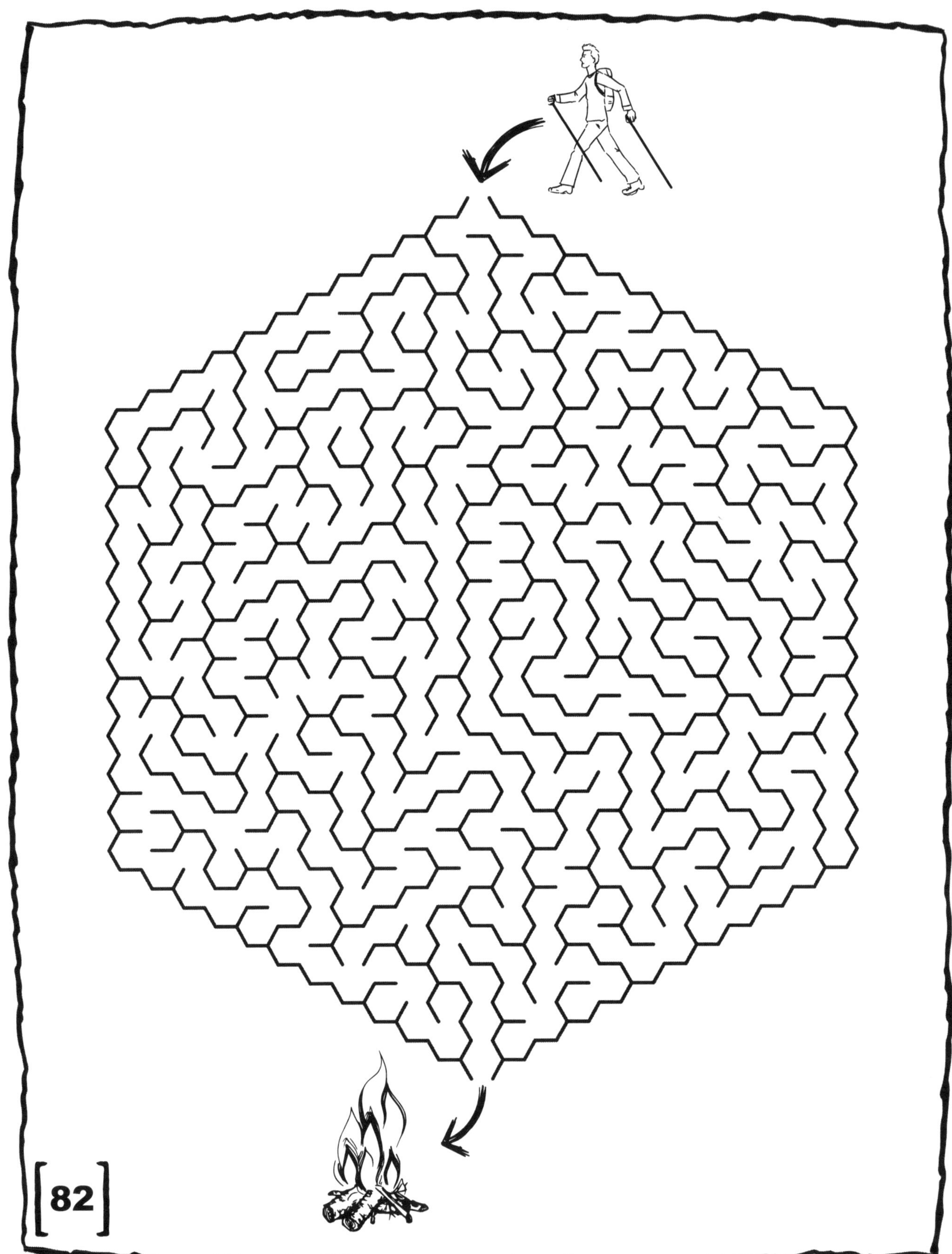

1

2

3

4

5

6

7

8

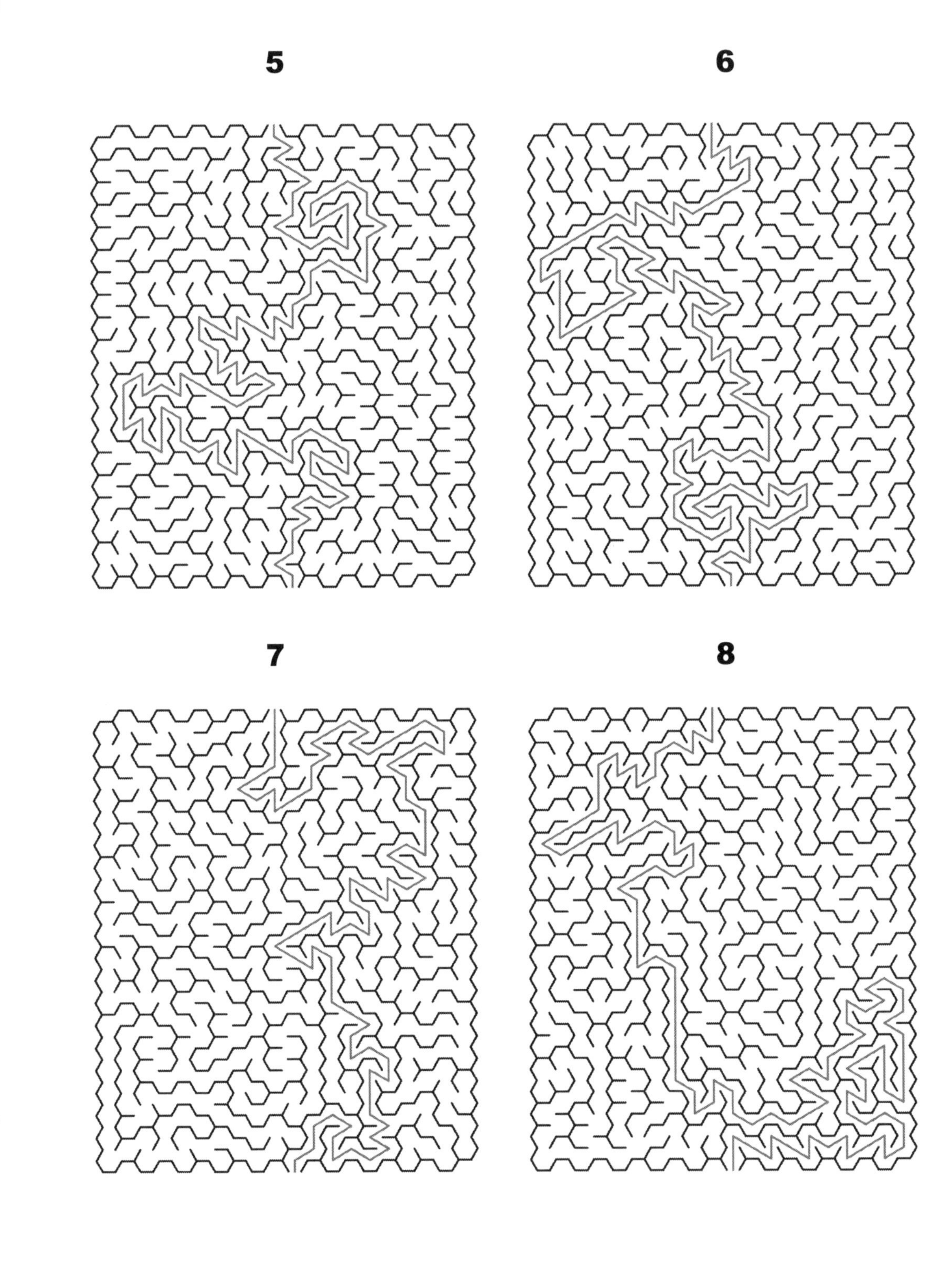

9

10

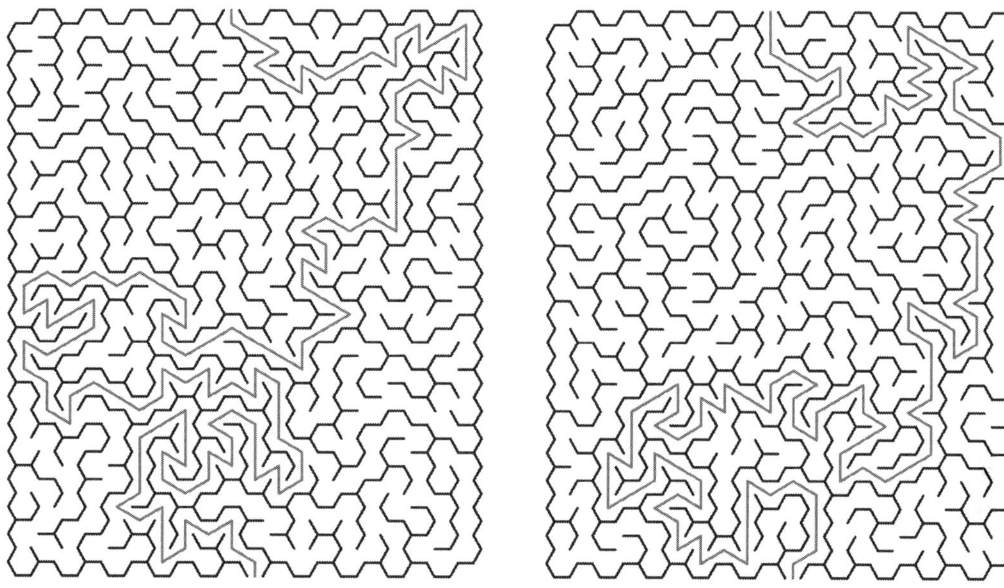

11

12

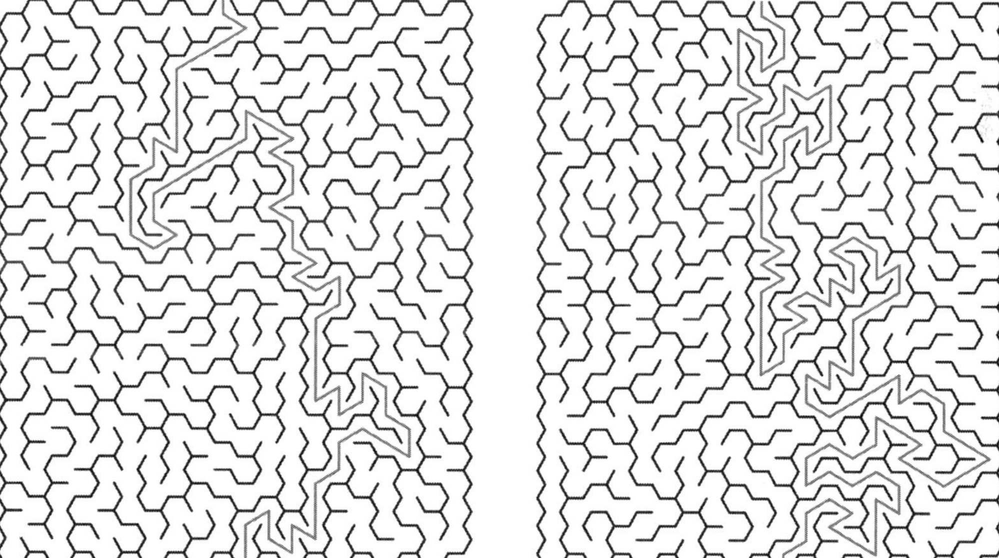

13
14
15
16

17

18

19

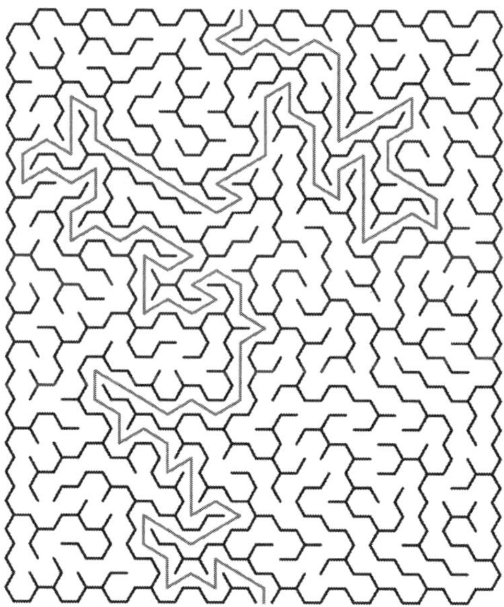

20

21

22

23

24

25

26

27

28

29

30

31

32

33

34

35

36

37

38

39

40

41

42

43

44

45

46

47

48

49

50

51

52

53

54

55

56

57

58

59

60

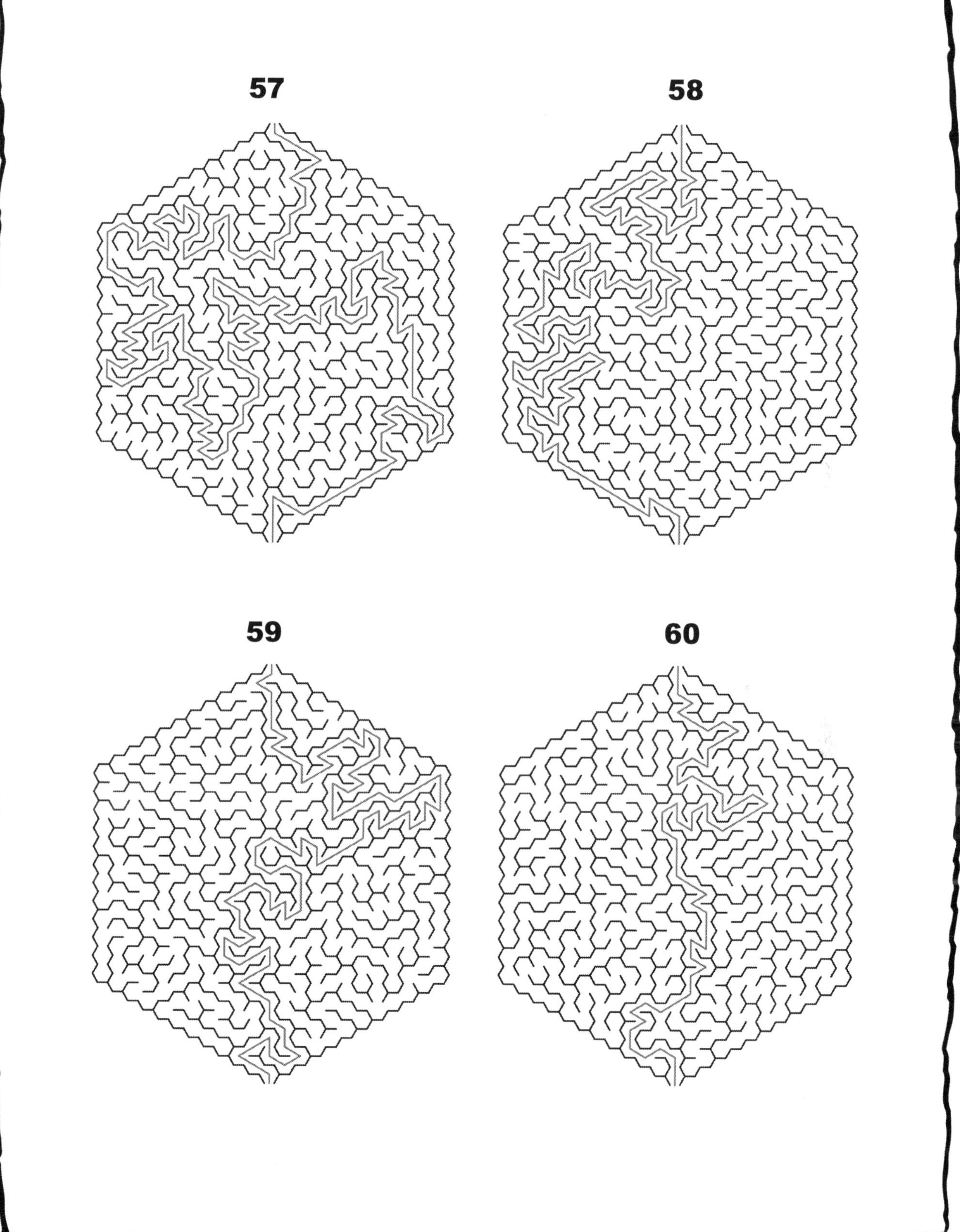

61

62

63

64

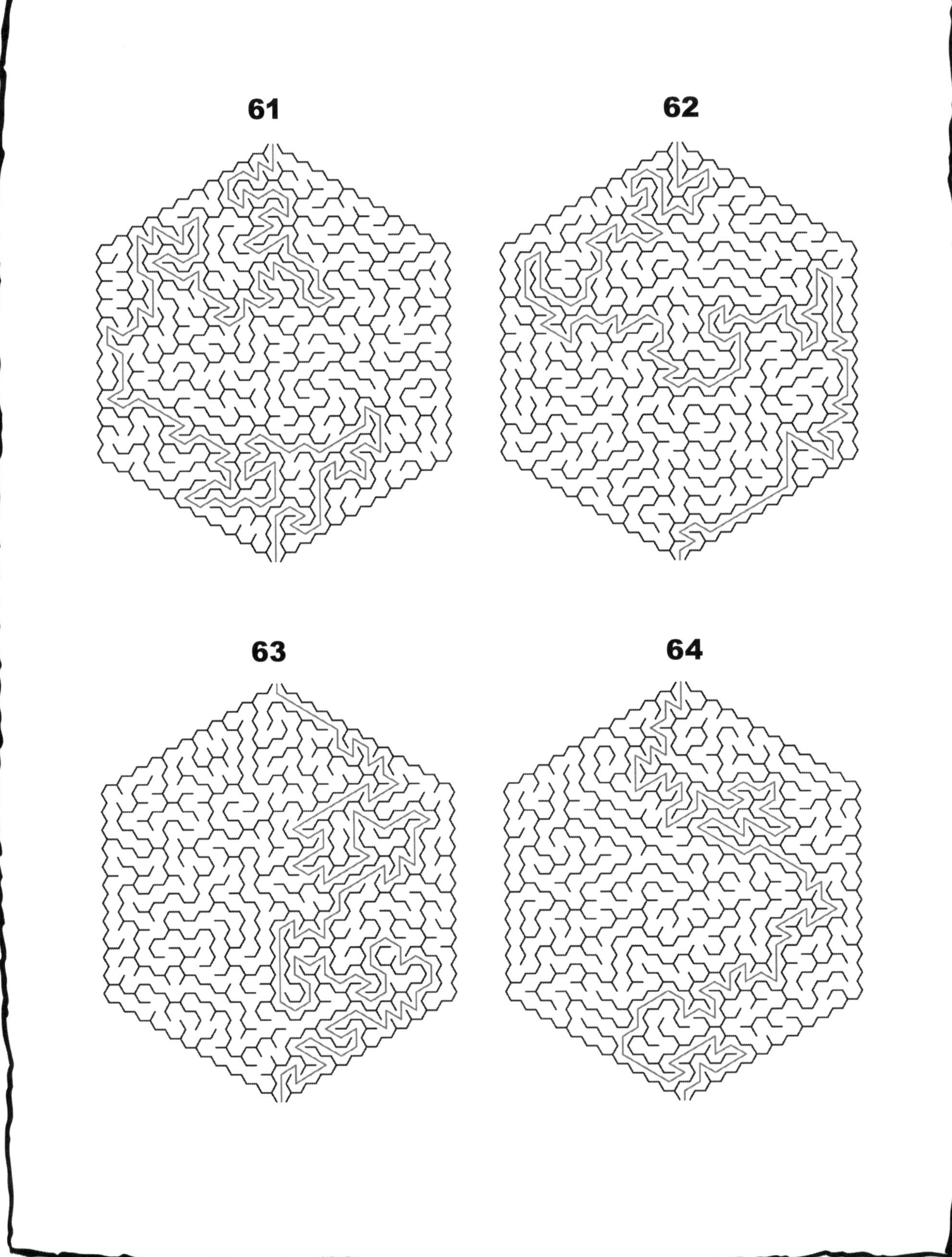

65

66

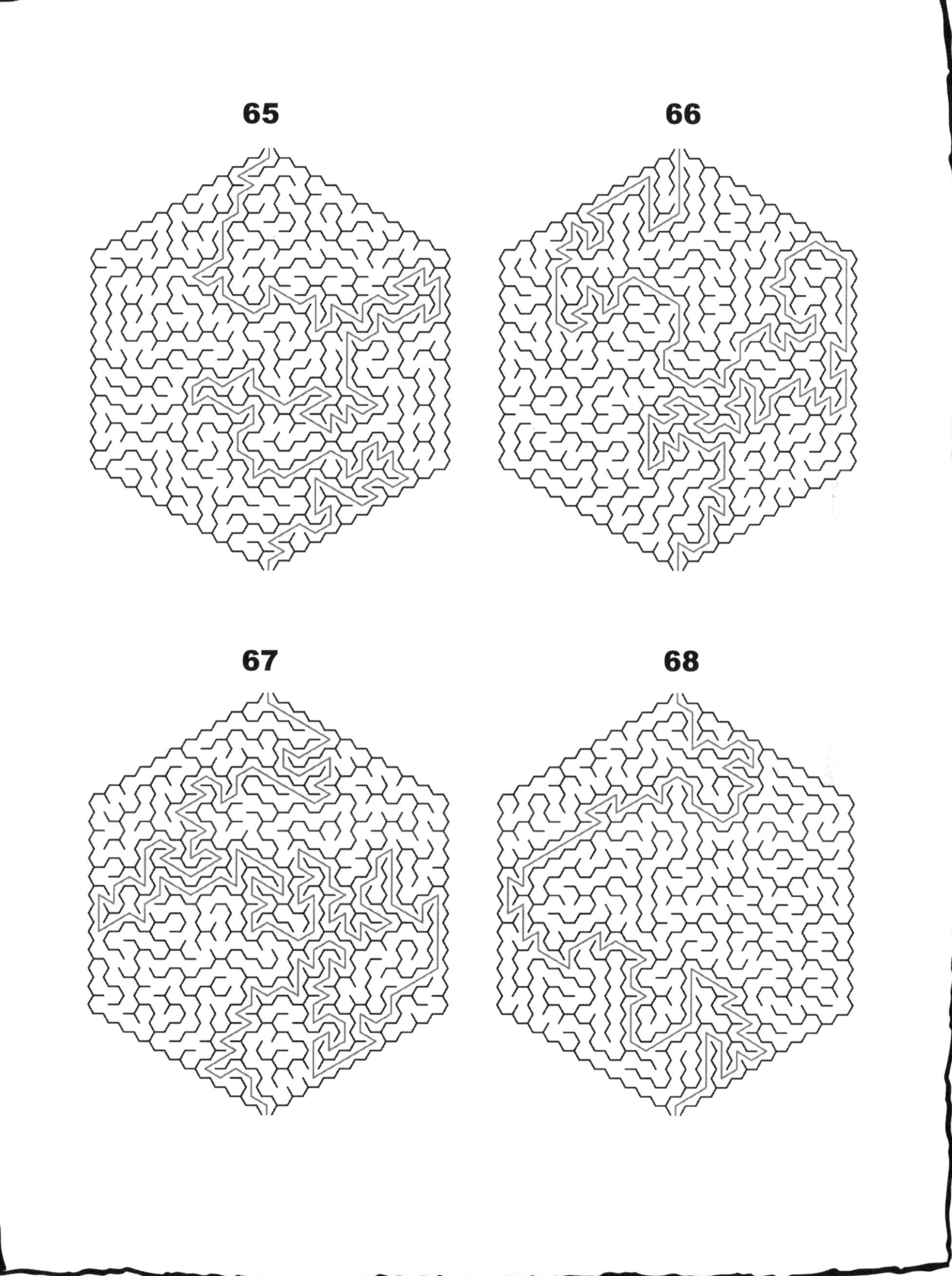

67

68

69

70

71

72

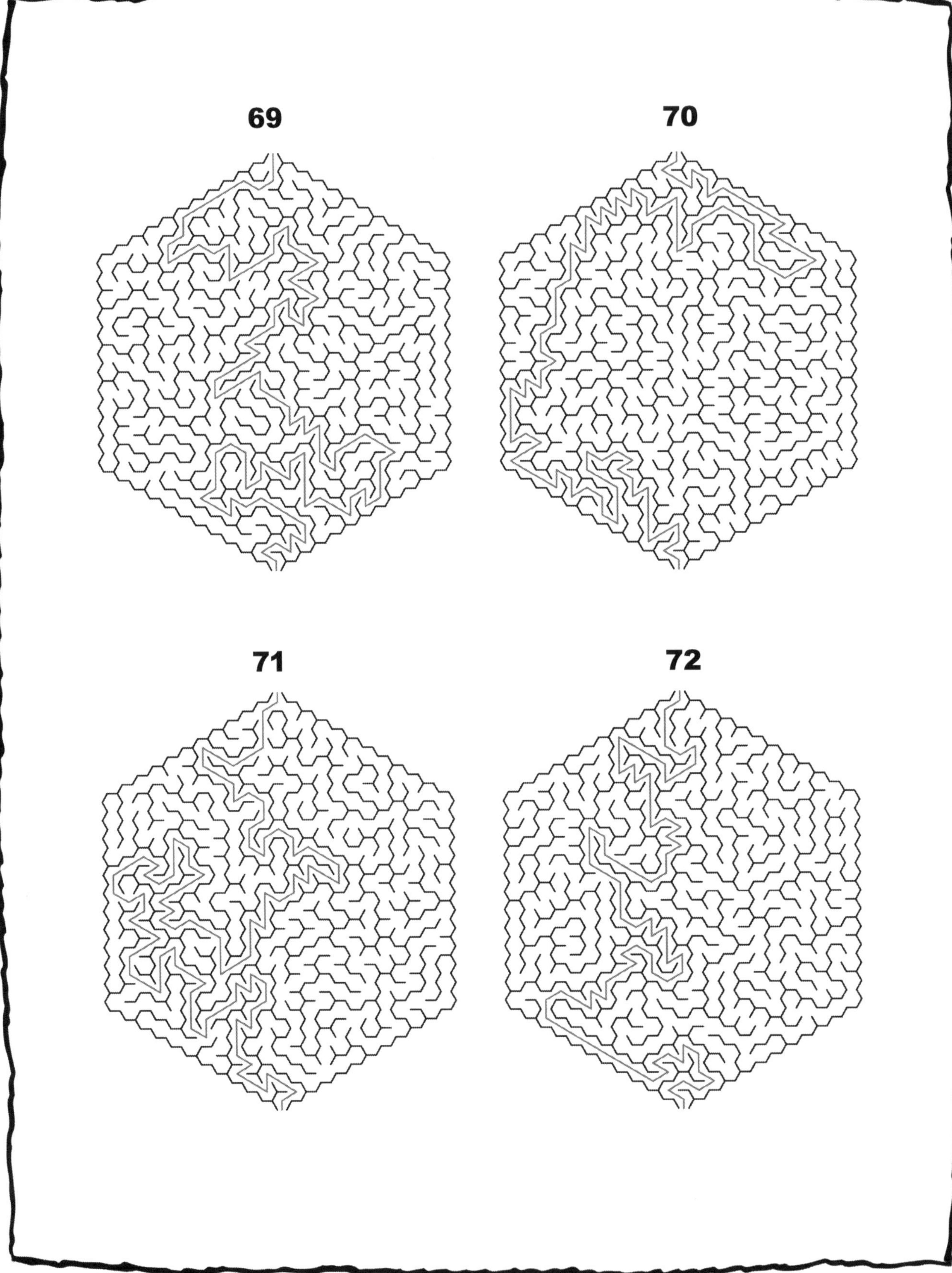

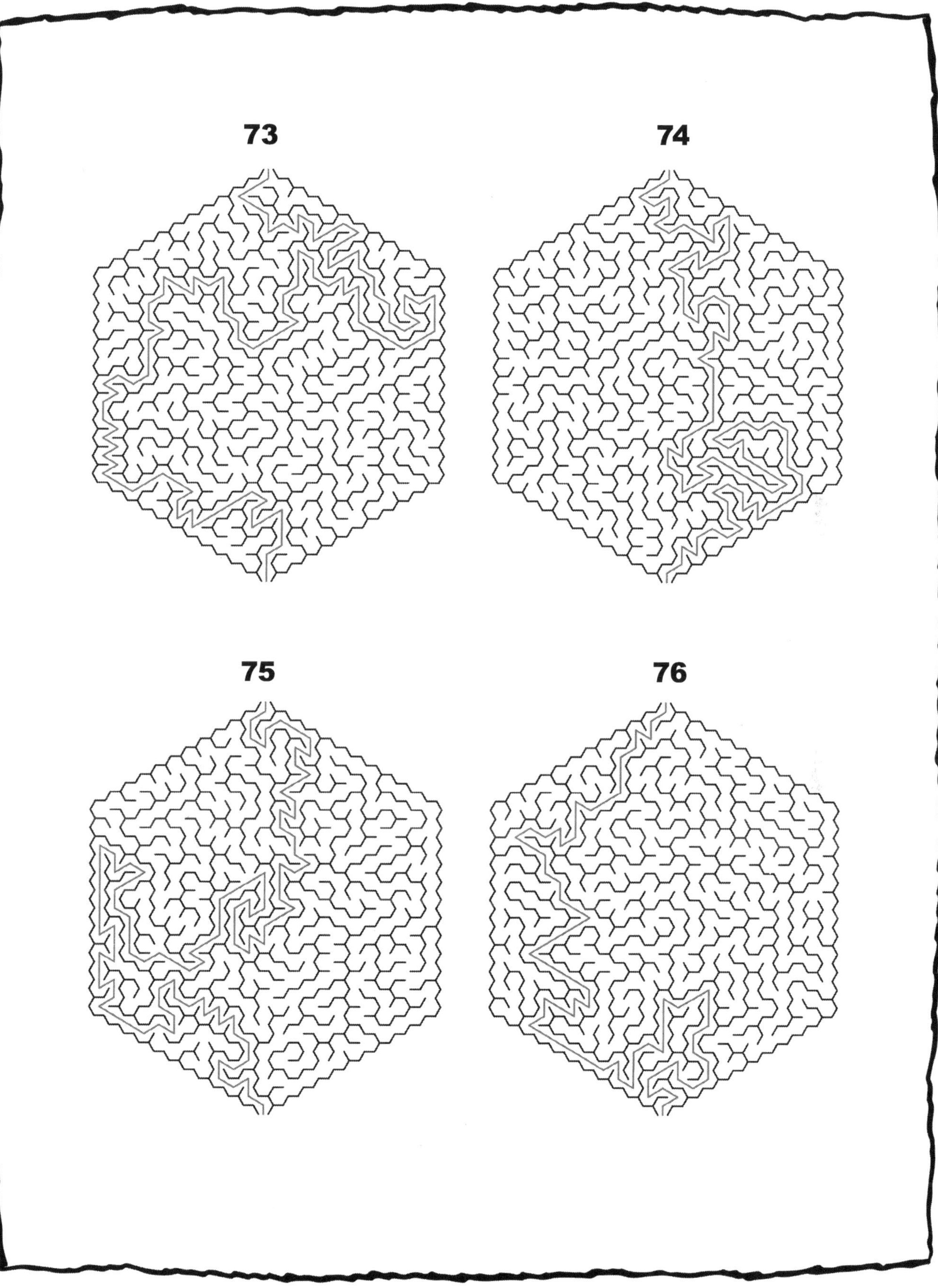

73

74

75

76

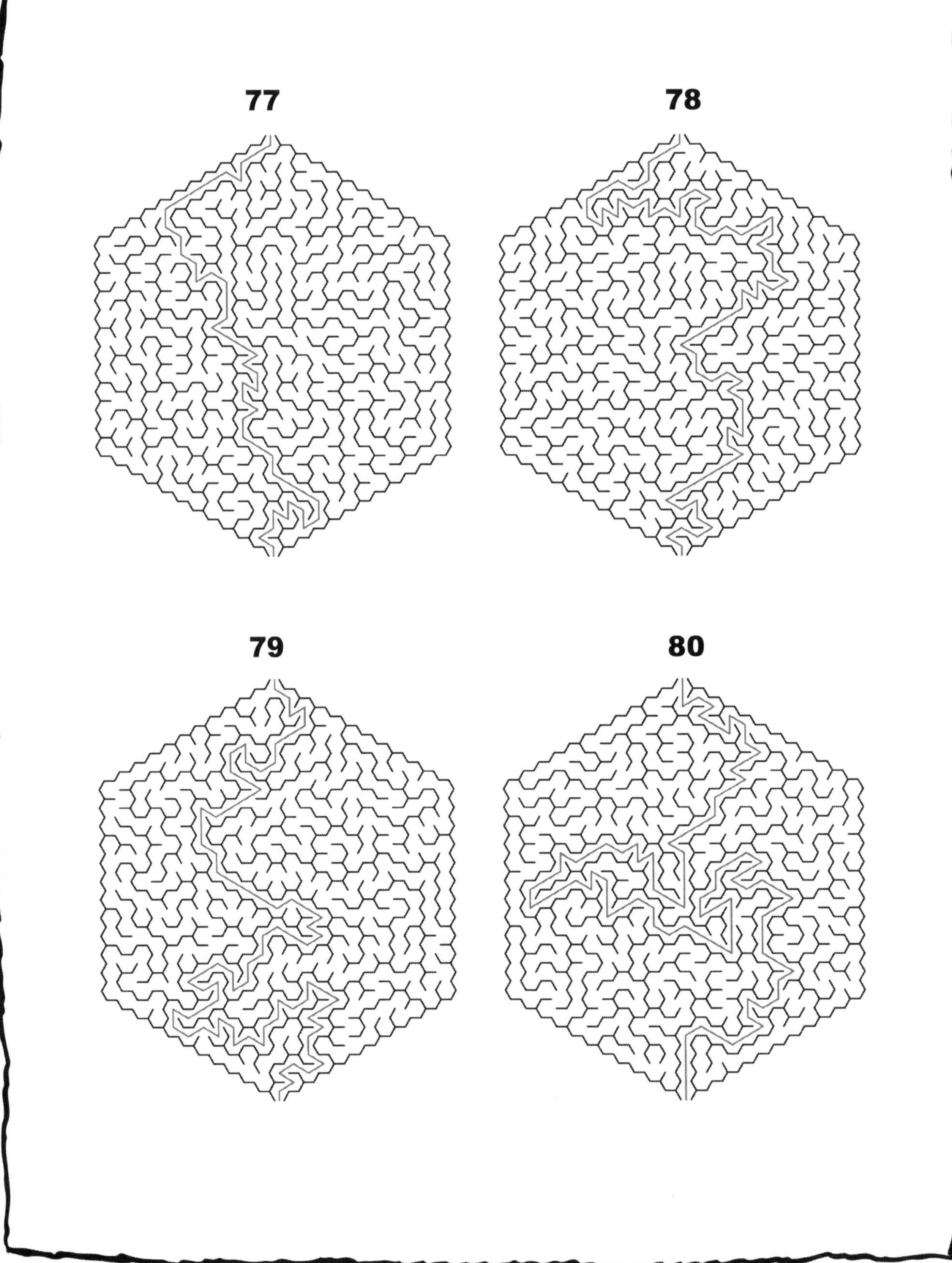
77
78
79
80

81

82

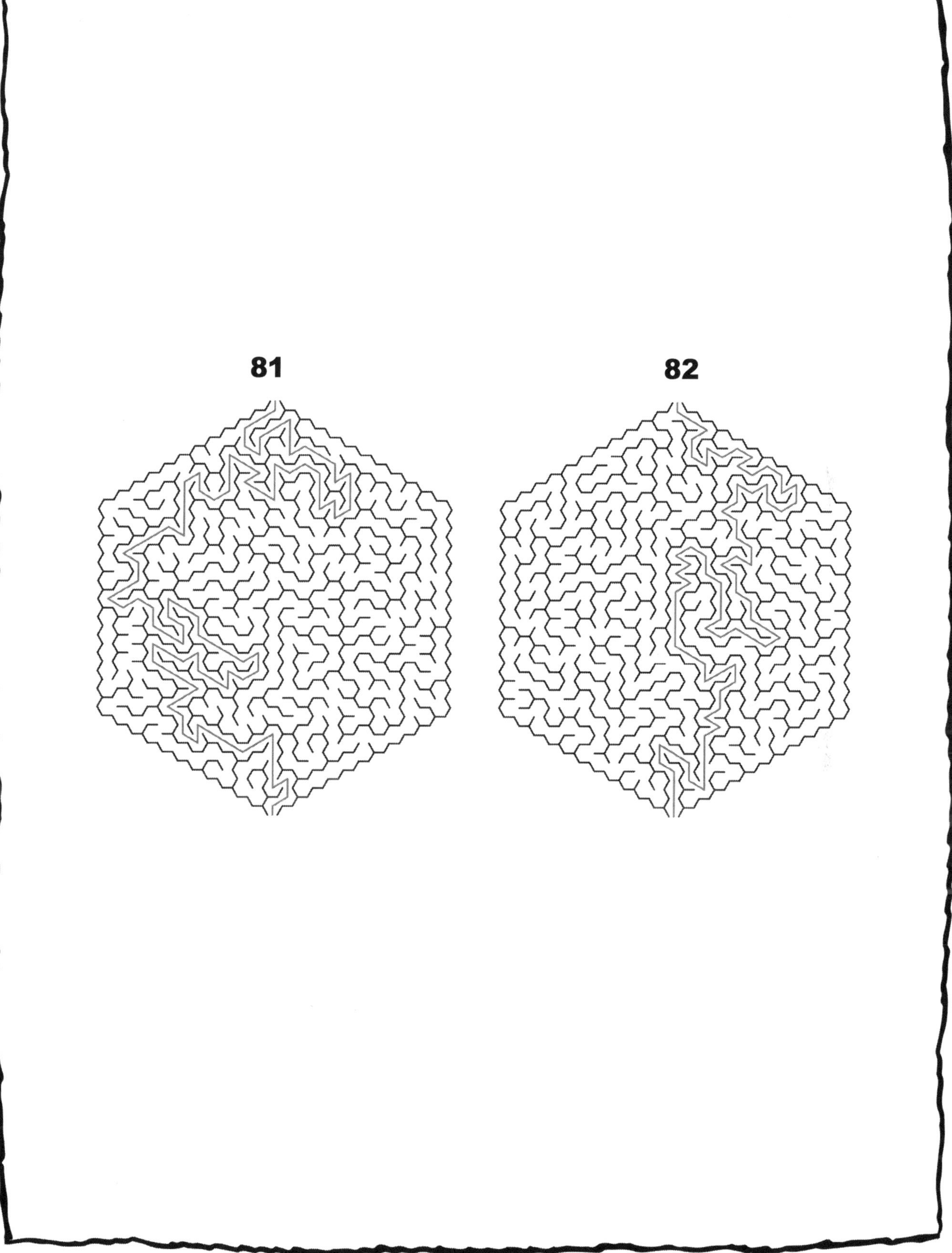